元宇宙

发展简史+技术案例+商业应用

谷建阳 ◎ 编著

清华大学出版社
北京

内 容 简 介

本书通过三条线对元宇宙的相关内容进行全面解读。一条是"发展简史"线,讲解了元宇宙的历史和发展过程,从古代时期元宇宙形成雏形,到 20 世纪元宇宙概念的提出,再到被各大企业广泛运用,让读者对元宇宙有全面认知。另一条是"技术案例"线,详细介绍了 VR、AR、5G、区块链等核心技术在元宇宙中发挥的重要作用,并列举了大量在商业领域中非常实用的技术案例,让读者能够了解元宇宙具体的结构和发展思路。最后一条是"商业应用"线,展现了当前各个企业和机构的发明和创造最新成果,通过元宇宙系列技术落地和变现的相关案例,为读者描述了未来元宇宙发展的趋势和地位,以及可能面临的困境和不足。

本书内容丰富详细,逻辑清晰易懂,适合对元宇宙行业感兴趣的初学者阅读,也可以作为投资者和互联网企业从业者的重要指南。

本书封面贴有清华大学出版社防伪标签,无标签者不得销售。
版权所有,侵权必究。举报:010-62782989,beiqinquan@tup.tsinghua.edu.cn。

图书在版编目(CIP)数据

元宇宙:发展简史+技术案例+商业应用/谷建阳编著. —北京:清华大学出版社,2022.9
ISBN 978-7-302-61708-2

Ⅰ.①元… Ⅱ.①谷… Ⅲ.①信息经济 Ⅳ.①F49

中国版本图书馆 CIP 数据核字(2022)第 157003 号

责任编辑:张　瑜
装帧设计:杨玉兰
责任校对:李玉茹
责任印制:宋　林

出版发行:清华大学出版社
　　　　网　　址:http://www.tup.com.cn,http://www.wqbook.com
　　　　地　　址:北京清华大学学研大厦 A 座　　邮　　编:100084
　　　　社 总 机:010-83470000　　邮　　购:010-62786544
　　　　投稿与读者服务:010-62776969,c-service@tup.tsinghua.edu.cn
　　　　质量反馈:010-62772015,zhiliang@tup.tsinghua.edu.cn
印 装 者:小森印刷霸州有限公司
经　　销:全国新华书店
开　　本:170mm×240mm　　印　张:14.25　　字　数:279 千字
版　　次:2022 年 11 月第 1 版　　印　次:2022 年 11 月第 1 次印刷
定　　价:59.80 元

产品编号:088384-01

前言

元宇宙是什么？元宇宙是通过科技手段连接和创造，并与现实世界相互映射和交互的虚拟世界。从当前来看，它也可以理解为一个侧重于社交链接的虚拟网络。

元宇宙的发展得益于 21 世纪各种新技术的出现和成熟，包括但不限于区块链技术、虚拟现实技术、增强现实技术、人工智能技术、云计算技术等，这些技术支撑起了元宇宙的边界和框架，为其在现实中的应用提供了可能。

元宇宙的发展潜力如何？目前，元宇宙还处在起步阶段，但是在全球各大企业和机构的不断研发下，元宇宙将会融入更多行业中，呈现出"遍地开花"的局面。对于个人来说，元宇宙如同工业革命一般，将会彻底改变每个人的生活方式，并为世界的发展创造出无限的可能。对于传统企业来说，它们与元宇宙的关系已不再是颠覆或融合的问题，而是如何利用元宇宙的领先技术进行商业创新和模式改造，从而提供源源不断的生产动力。

本书将从元宇宙的发展脉络、核心技术、实际应用 3 大板块出发，通过 10 章内容、160 多个案例、260 多张图片，向读者详细介绍其发展历史、核心技术、市场机遇、产业布局以及应用场景等内容，希望能对各位读者有所启发。

本书并非元宇宙的预言书，而是生动、全面体验元宇宙的过去、现在和未来的实用读本。当元宇宙的一系列技术和发明不断诞生并改变着世界，我们怎么能错过这个了解它的宝贵机会？

本书由谷建阳编著，参与编写的人员还有张旭明等人，在此表示感谢。由于作者知识水平有限，书中难免有错误和疏漏之处，恳请广大读者批评、指正。

编　者

目录

第1章 全面知晓，聊元宇宙 1

1.1 连接有多重要 2
- 1.1.1 连接成就了互联网 2
- 1.1.2 社交网络连接进行时 3
- 1.1.3 智能手机缩短你我距离 5
- 1.1.4 万物皆可连接的物联网 6
- 1.1.5 当连接进入元宇宙 7

1.2 多角度探讨元宇宙的概念 7
- 1.2.1 虚拟世界里的元宇宙 7
- 1.2.2 未来世界里的元宇宙 10
- 1.2.3 狭义元宇宙与广义元宇宙的大碰撞 13

1.3 看看名人聊元宇宙 14
- 1.3.1 感官创造无限可能 14
- 1.3.2 人工智能将成为元宇宙基石 16
- 1.3.3 元宇宙可不只包括虚拟 18
- 1.3.4 元宇宙得有更多的定义 19
- 1.3.5 有人喜就有人忧的元宇宙 20

第2章 4个阶段，发展脉络 23

2.1 第1阶段：古代神话故事中的元宇宙雏形 24
- 2.1.1 《圣经》里的元宇宙世界 24
- 2.1.2 但丁笔下的《神曲》 25
- 2.1.3 《易经》与《西游记》中的元宇宙 26

2.2 第2阶段：当元宇宙走进现代影视作品 28
- 2.2.1 《雪崩》里的假想空间 28
- 2.2.2 《黑客帝国》与《头号玩家》 29

2.3 第3阶段：游戏让元宇宙迎来再次升级 30
- 2.3.1 《第二人生》的成功 30
- 2.3.2 游戏销量之王《我的世界》 32

2.4	第4阶段：2021年成为"元宇宙元年"	32
	2.4.1 "元宇宙第一股"登陆纽交所	33
	2.4.2 罗布乐思提出的元宇宙"八大特征"	34
	2.4.3 直接把公司名字改成"元宇宙"的巨头	35
	2.4.4 1175万美元的成交纪录	37
	2.4.5 来自元宇宙的虚拟美妆达人	40
	2.4.6 火到元宇宙的《鱿鱼游戏》	41

第3章 5大趋势，未来发展 ... 43

3.1	当虚拟和实体经济紧密相连	44
	3.1.1 数字资产与实体经济的融合	44
	3.1.2 资产上链推动数字化转型	45
3.2	数据成为关键财富	47
	3.2.1 数据就是公司核心竞争力	47
	3.2.2 当数据成为个人隐私	49
3.3	全新开启的虚拟人生	52
	3.3.1 数字化身定义虚拟形象	53
	3.3.2 独立体系保障元宇宙生活	55
3.4	文化将步入数字时代	59
	3.4.1 元宇宙中的艺术品	59
	3.4.2 知识产权成为灵魂	61
3.5	数字货币在全球流通	65
	3.5.1 数字货币的大发展	66
	3.5.2 CLOCK代币的尝试	69
	3.5.3 脸书"天秤座"计划为何失败	70

第4章 研究价值，全面分析 ... 73

4.1	元宇宙的互联网价值	74
	4.1.1 第一代互联网与第二代互联网	74
	4.1.2 移动互联网的出现	76
	4.1.3 第三代互联网	77
4.2	元宇宙的营销价值	77
	4.2.1 在元宇宙中播放广告	78
	4.2.2 把商品卖到元宇宙	79
	4.2.3 在元宇宙里卖起地产	80

目录

4.3 元宇宙的金融价值 82
    4.3.1 想要融入元宇宙的银行业 82
    4.3.2 百家争鸣的虚拟货币 85
    4.3.3 DeFi 掀起的金融革命 88

第 5 章 行业分析，市场状况 93

5.1 不同行业在元宇宙里的新机遇 94
    5.1.1 大流行下的现实世界 94
    5.1.2 传统农业下的发展机遇 94
    5.1.3 机械制造业的发展机遇 97
    5.1.4 能源产业的发展机遇 98
5.2 元宇宙发展面临的系列问题 101
    5.2.1 元宇宙或将引发能源危机 101
    5.2.2 元宇宙面临的法律问题 104
5.3 值得反思的元宇宙案例 107
    5.3.1 不被公众买单的谷歌眼镜 107
    5.3.2 Magic Leap 背后的遗憾 111

第 6 章 技术支柱，归纳展示 113

6.1 构建技术创造空间，映射技术打造桥梁 114
    6.1.1 信息爆炸下的计算方式 114
    6.1.2 数字孪生的应用 117
    6.1.3 3D 扫描创造框架 118
6.2 元宇宙接入技术和应用技术的发展 119
    6.2.1 VR 的缺陷与改良 120
    6.2.2 AR 面临的困境 123
    6.2.3 接入技术的新成员：MR 与 XR 125
6.3 区块链打造全新经济体 128
    6.3.1 新的数据传输方式 128
    6.3.2 完善成熟的激励系统 129

第 7 章 价值财富，前景无限 131

7.1 元宇宙中的新职业 132
    7.1.1 虚拟化身的美容医生：捏脸师 132
    7.1.2 元宇宙中的造梦者：虚拟建筑师 133

	7.1.3 品牌形象宣扬者：虚拟道具设计师	136
	7.1.4 虚拟理财大师：元宇宙资产顾问	137
7.2	元宇宙中的创业梦想	137
	7.2.1 受到脸书青睐的虚拟现实初创公司	138
	7.2.2 在元宇宙中使用搜索引擎	140
	7.2.3 区块链资产落地真实生活：永恒链的诞生	142
	7.2.4 警惕元宇宙中的创业陷阱	143
7.3	更加伟大的数字文明	144
	7.3.1 对元宇宙的新理解	144
	7.3.2 关于元宇宙文明的猜想	147

第8章 热门领域，实战应用 ... 151

8.1	元宇宙在传媒与娱乐中的应用	152
	8.1.1 跨媒体叙事扩展的新视野	152
	8.1.2 虚拟现实电影的蓬勃发展	154
	8.1.3 火爆的线上演唱会	156
8.2	元宇宙在教学中的应用	158
	8.2.1 高效互动的在线教育平台	158
	8.2.2 斯坦福的"元宇宙第一课"	159
	8.2.3 身临其境的操作场景	161
8.3	元宇宙在医学中的应用	162
	8.3.1 无处可藏的疾病	162
	8.3.2 线上治疗的可行性方案	163
	8.3.3 探讨元宇宙永生的可能性	164
8.4	元宇宙在职场中的应用	165
	8.4.1 在元宇宙中选拔人才	165
	8.4.2 元宇宙办公热潮	166
8.5	元宇宙在文化行业中的应用	168
	8.5.1 虚拟展厅有望取代博物馆	168
	8.5.2 NFT在文化用品圈一枝独秀	170

第9章 社会变化，影响意义 ... 173

9.1	元宇宙里的智能城市	174
	9.1.1 首尔希望成为元宇宙第一城	174
	9.1.2 其他城市对元宇宙的发掘	177

9.1.3 未来元宇宙城市的展望 179
9.2 元宇宙对环境的影响 181
　　9.2.1 能源消耗或成潜在问题 182
　　9.2.2 为节能减排提供动力 184
　　9.2.3 环保企业在元宇宙中的转型 184
　　9.2.4 NFT 遇上碳环保 186
9.3 在元宇宙中的一天 188
　　9.3.1 一个普通上班族的清晨 188
　　9.3.2 忙碌进行时 190
　　9.3.3 工作后的放松时光 191
　　9.3.4 在元宇宙中度过夜晚 192

第 10 章 名企计划，方向总结 195

10.1 国外企业的热门项目 196
　　10.1.1 脸书当前的研究方向 196
　　10.1.2 苹果当前的研究方向 199
　　10.1.3 微软当前的研究方向 201
　　10.1.4 谷歌当前的研究方向 205
10.2 国内企业的热门项目 207
　　10.2.1 华为在元宇宙相关领域的探索 207
　　10.2.2 腾讯在元宇宙相关领域的探索 210
　　10.2.3 字节跳动在元宇宙相关领域的探索 213
　　10.2.4 百度在元宇宙相关领域的探索 213

第 1 章

全面知晓，聊元宇宙

学前提示　　对于不少人来说，"元宇宙"是一个难以理解的词汇，然而在刚刚过去的 2021 年，它却掀起了一场技术上的革命，或许可以这样认为：元宇宙是新世纪人类诸多科技高速发展的产物。

1.1 连接有多重要

在人类文明发展的历史长河中，信息传递起到了关键作用，从过去的羊皮卷、木牍，到如今最常见的印刷纸；从古代的飞鸽传书，烽火传讯，再到电话、电报的发明，人与人之间的连接更加紧密而稳定。

在了解元宇宙之前，我们可以回顾一下时代进步下连接方式的升级，相信这对读者了解元宇宙的重要性有着不小的帮助。

1.1.1 连接成就了互联网

在电气时代到来之前，人们只能通过纸媒接收信息，印刷术的发展为报纸行业的发展提供了充足保障，读者通过阅读报纸了解新闻时事的同时，也能够在报纸上发布招聘、征婚、寻物等一系列关键信息。

但通过纸媒接收信息的方式不仅低效，时效性也大打折扣。第二次工业革命之后，电报、电话、电视相继发明并普及，使得人们获取信息的渠道迅速增加，大家足不出户就可以在第一时间获得从地球另一端发来的情报。

早在 1968 年 10 月，美国国防部高级计划研究局就开始研制适合计算机通信的网络，并在 1969 年 6 月组建了包括 4 个节点的网络，同时将其命名为阿帕网（ARPAnet），它被公认为是世界上第一个采用分组交换技术组建的网络，如图 1-1 所示。

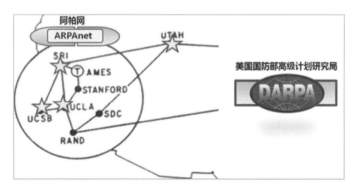

图 1-1 阿帕网结构图

万维网即 WWW（World Wide Web），是基于客户机/服务器方式的信息发现技术和超文本技术的综合，它可以通过超文本标记语言，利用链接从一个站点跳跃到另外一个站点，这样就可以彻底摆脱此前查询工具按照路径一步步查阅信息的限制。

由于早期的互联网是政府拨款建设，所以最初只服务于政府单位、研究部门或者学校。1991 年，美国明尼苏达大学的研究人员才开发出第一个连接互联网的友好接口。

近来，随着各种连接方式的不断升级，同时也让互联网的范围不断扩大。世界文明发展迈向一个新的台阶，人与人之间的连接速度大幅度提升，连接的范围覆盖全球。图 1-2 所示为信息连接的进化过程。

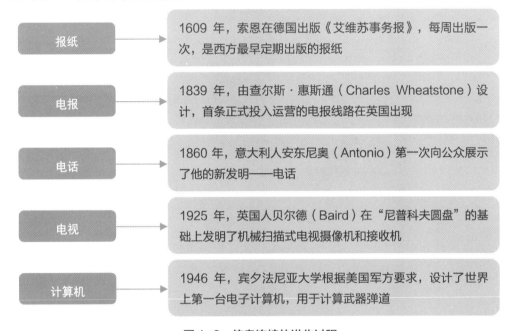

图 1-2　信息连接的进化过程

互联网设备在改良换代的升级中，逐渐能够计算、储存和交换海量的数据。信息交互方式从文本、图片，再到音频和视频，交互的成本在不断降低。

人们可以在网络上进行聊天、娱乐，企业可以利用互联网设备进行生产和制造，人类活动正在逐渐从线下转换为线上，这是科技造就的一种趋势。在不少先行者的眼中，元宇宙正是互联网的终极形态。

1.1.2　社交网络连接进行时

作为生活中重要的一环，早期人们的社交，仅仅限于亲人朋友之间，但是随着互联网的诞生，人们可以通过网络上传个人信息，更可以在这些信息的基础上和陌生人进行交流与合作，一大批社交软件也随之诞生。

1996 年，以色列 Mirabilis 公司推出了即时聊天软件 icq，这款软件全名为《我找你》（I seek you），它不但能够在第一时间传送文字和语音信息，发送电子邮件，同时也可以让用户探查到朋友在线或者离线的状态。图 1-3 所示为 icq 的聊天界面。

图 1-3　icq 聊天界面

得益于社交网络的扩建，世界各地不同的人们能够找到共同话题或者爱好进行沟通，而商业贸易也借着这个机会迅速发展，贸易双方可以凭借社交网络找到自己的目标。广告传媒领域也因为传播渠道和消费数据的变化，导致该行业产生了极其重大的变化。图 1-4 所示为 2013 年最热门的几款聊天软件。

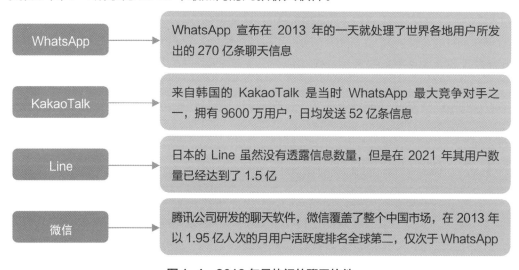

图 1-4　2013 年最热门的聊天软件

2014 年 2 月，Facebook（脸书）以 190 亿美元的价格收购 WhatsApp，成为当时的热门新闻，这一度引发了人们对聊天软件市场形成垄断局面的担忧。

在脸书完成收购之后，WhatsApp 用户数量继续突飞猛进，在 2016 年迈过 10 亿大关，在 2018 年突破 15 亿，2020 年用户数量已突破 20 亿。这些数字足以说明，全世界已经形成了庞大的社交网络。

巴西、西班牙和意大利是最喜欢使用 WhatsApp 的国家，受访者使用率均超过了 95%，如图 1-5 所示。

图 1-5　WhatsApp 最欢迎的国家（数据来源：statista）

1.1.3　智能手机缩短你我距离

手机被创造出来最早是为了取代笨重的固定电话。但随着科技手段的不断提升，手机的体积和重量不断缩小，被赋予了更多功能。

用智能手机连接网络，人们便可以在任何时间搜索想要获得的信息并且享受配套服务，当今世界上大部分发达的国家和地区，基本上已经实现人手一台智能手机。智能手机的出现，也把过去相对隔绝的物理空间紧密联系在了一起，为人们建立了多方面沟通的平台。

图 1-6 所示为世界上最早的智能手机——IBM Simon，它在 1993 年由西蒙公司推出。

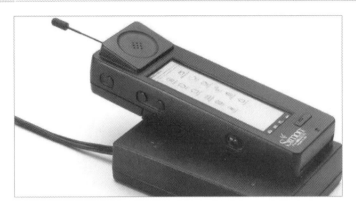

图 1-6　IBM Simon

IBM Simon 不但是一部手提电话，还拥有日历、行程表、世界时钟、计算器、记事本等各种复杂的功能，这款产品在上市后引起了不小的轰动。

1.1.4　万物皆可连接的物联网

智能手机普及之后，人们不禁设想：除去手机之外，生活中其他的物品是否也可以连接到互联网呢？这也正是"物联网（Internet of Things）"的由来。作为在互联网基础上不断延伸和拓展的网络，物联网正致力于将各种信息传感设备与网络结合起来，实现人、物、机之间的信息连通，也就是"物物相连，万物万连"。

图 1-7 所示的前微软董事长比尔·盖茨（Bill Gates）的智能化别墅，就运用了物联网技术。

图 1-7　采用智能家居系统控制的比尔·盖茨别墅

这所占地 6600 平方米的豪宅，安有大量传感装置，未经许可闯入别墅者会引发系统报警；冰箱会自动记录食材存放时间；烹饪食材时厨房会进行测温，避免因食材高温导致爆炸和外溢；地板安有的传感器，能自动打开或者关闭照明系统，而房屋的灯光、温度、湿度，都可以进行调节，房屋主人在远端即可控制室内的一切。

由此可见，传感装置提供给"物"识别环境并且上传信息的能力，"物"与互联网的相互连接，意味着许多事务都可以实现自动化，让人们的生活更轻松。

1.1.5 当连接进入元宇宙

信息化时代让人们享受着第一时间交流信息的便利，在如今已有互联网的基础上，传递的信息是否可以变得更加具体和逼真呢？

元宇宙能够解决这样一个难题：通过数字孪生技术，元宇宙可以生成一个现实世界的镜像；而扩展现实技术可以为元宇宙提供人机交互功能，通过视觉等感官为用户带来更加投入的体验。

基于元宇宙的连接方式固然使人向往，但这种连接会更加智能化，也会更加复杂和密集，甚至可能会引发一系列的技术、法律问题，这需要人们共同去克服。相信在不久的未来，正如电话、电视、互联网、物联网一样，元宇宙也会为人类社会带来巨大的改变。

1.2 多角度探讨元宇宙的概念

元宇宙（metaverse）的英文单词可以被看成两个部分：meta 意味超前、超越，verse 即"宇宙（unverse）"的缩写，泛指整个世界，如图 1-8 所示。

图 1-8 "元宇宙"英文单词的组成

从这个单词不难看出元宇宙所包含的宏大内容。本节将会从多个角度探讨元宇宙的概念，如虚拟世界和未来世界的元宇宙，狭义和广义的元宇宙，帮助读者更好地了解元宇宙本质。

1.2.1 虚拟世界里的元宇宙

什么是元宇宙？我们大可以将元宇宙想象成一款游戏，玩家能够在游戏世界中建立虚拟身份，按照自己的想法选择游戏剧情，还能够通过完成任务、进行贸易等方式，获取一定数量的财富。

在古老的单机类游戏中，玩家一般都是按照设计公司给出的流程按部就班地完成整个游戏剧情，这可能会导致玩家的体验感较差，游戏品牌也难以在激烈的市场竞争中存活。

自从开放性世界游戏诞生以来，这种局面就被改变了。在 20 世纪 80 年代，日本游戏公司所开发的《塞尔达传说》和《元祖西游记》就有了开放世界游戏应该具备的基本要素。图 1-9 所示为《元祖西游记》的游戏画面，它包含了 700 个地图场景，画风是当时最为简单的像素画风。

图 1-9 《元祖西游记》游戏画面

虽然游戏公司进行了大胆的尝试，但是《元祖西游记》推出之后，市场却反响平平。这款游戏是参照名著《西游记》编写，然而游戏的剧情却并没有原著小说那么丰富，这和庞大的世界地图形成鲜明对比。同时游戏角色大部分时间只是在单调地赶路，冒险缺乏互动且没有随机剧情，这也就导致游戏体验感大幅度下降。因此，《元祖西游记》并不算一款成功之作。

21 世纪初期，各家游戏开发公司虽然致力于提升游戏世界的自由度，却依然难以摆脱画面切换的难题，如从普通的行走切入"战斗模式"就需要场景之间的切换。

2001 年，由美国 Rockstar 公司发布的《侠盗猎车手 3》（GTA3）是一款革命性的游戏作品，图 1-10 所示为《侠盗猎车手 3》的游戏画面。

这款以纽约城作为参照物设计的游戏，靠着完全无死角的 3D 场景、自由驾驶和极其丰富的剧情任务，在市场上迅速火爆。虽然同一时期还有大量 3D 游戏作品存在，但无论是自由度还是游戏玩法的种类，GTA3 都远远超过竞争对手。

图 1-10　《侠盗猎车手 3》的游戏画面

此后，Rockstar 公司又推出《侠盗猎车手：罪恶都市》（Grand Theft Auto：Vice City），将 GTA 系列产品的名声彻底打响。

从《元祖西游记》到 GTA3，游戏实现了从二维到三维的空间变化，身处虚拟世界的元宇宙，可以通过科学技术的手段，以更高的维度去理解和分析世界。

但是，与真实世界密不可分的元宇宙，不能只有幻想，只有再加上"现实界"和"理想界"，才能构建属于元宇宙的独特体系。图 1-11 所示为元宇宙的"三界"概念，这对于元宇宙至关重要。相比较开放的世界游戏，元宇宙的内容更加具体和全面，而它的数据自然也会更加庞大。

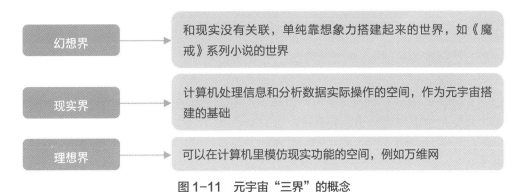

图 1-11　元宇宙"三界"的概念

清华大学新媒体研究中心的学者给出了"元宇宙"一词的定义："元宇宙是整合多种新技术产生的新型虚实相融的互联网应用和社会形态，它基于扩展现实技术提供沉浸式体验，以及数字孪生技术生成现实世界的镜像，通过区块链技术搭建经济体系，将虚拟世界与现实世界在经济系统、社交系统、身份系统上密切融合，并且允许每个用户进行内容生产和编辑。"这一番话很好地说明了元宇宙与现实社会之间的联系。

1.2.2 未来世界里的元宇宙

想象力对于元宇宙的发展十分重要,这对于富有探索精神的人类来说并不算一件难事。不过如何将各种奇思妙想转变为现实,依然受科学技术所限。图 1-12 所示为决定未来元宇宙发展的几个核心技术。

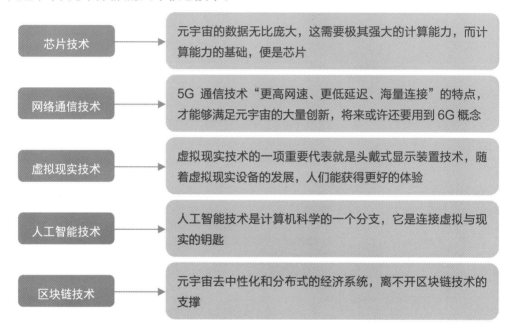

图 1-12 元宇宙的核心技术

在这些技术的基础上,我们可以对元宇宙进行一个大胆的猜想,以预测它在未来的更多可能性。

早在数年之前,公园和商场里就出现了大大小小的 VR(Virtual Reality)体验馆,但它受制于使用场所和设备本身的大小。随着 VR 行业的高速发展,VR 设备开始在家庭中普及。图 1-13 所示为一款可以通过手机使用的 VR 操作系统——VR 眼镜盒子。

正如电脑和手机在向便携式和简约的方向发展一样,虚拟现实设备也在不停地改进,未来的元宇宙用户无须戴上笨重的现实交互设备,就能自由地在元宇宙中畅游,一副轻巧的眼镜就能解决这个问题。

甚至有科学家大胆预测,人们不需要再借助眼球和耳朵来感知元宇宙,而是直接实现大脑与元宇宙的相互连接。

图 1-13　VR 眼镜盒子

2017 年,特斯拉公司首席执行官埃隆·马斯克（Elon Musk）成立了一家名为 Neuralink 的公司,这家公司将开发马斯克称之为"神经蕾丝"的技术——Neuralink,通过在人体大脑中植入电极,或许将来能够上传或者下载人们的思想。

经过数年的努力,Neuralink 取得了一定的进展,2020 年,这家公司放出了一个 3 分 28 秒的视频,展示一只名为 Pager 的 9 岁的猴子,通过意念玩乒乓球游戏。图 1-14 所示为猴子玩电子游戏的图片。

图 1-14　Pager 玩电子游戏（图片来源：Neuralink）

在画面中,Pager 一边手持 MindPong 游戏操纵杆进行玩耍,一边吸食作为奖励品的香蕉奶昔。实际上,那根游戏操纵杆不能控制任何东西,工作人员在教会 Pager 如何玩耍游戏之后便暂停了它的使用功能,Pager 脑内已经被植入了一颗可以无线充电的脑机接口芯片,在 Pager 大脑运转时,设备接收电信号,传输其脑内的活动,以学习和判断猴子手部做出的动作,从而达到意念操控的目的。

5G 技术对于元宇宙的开发也是无比重要的，相较于 4G 网络，它给人最大的印象就是快速。图 1-15 所示为 LTE/5G 双连接技术原理图，这项技术利用已有的非理想回传接口实现载波聚合，能够为用户提供更高的速度。

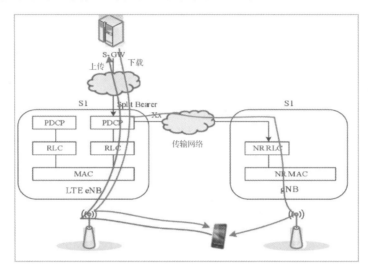

图 1-15　LTE/5G 双连接技术原理图

而高清的画面将会是创建元宇宙沉浸感至关重要的一部分，图 1-16 所示为美国火星探测器好奇号所拍摄的火星全景照片。

图 1-16　好奇号拍摄的火星全景照片

这张火星全景照片，由超过 1000 张的高清图片拼接而成，像素高达 18 亿，整张图片文件大小已经达到了 2.25GB，在以往的 3G/4G 时代，想要下载它需要花费很长时间，但是 5G 网络理论下载速度已经达到了 10GB/s，下载一个大型文件几乎是须臾之间就能完成的事情。将来的元宇宙世界，肯定还会有比这更加复杂和精密的文件，届时 6G、7G 技术的出现，会进一步提升元宇宙的现实感。

1.2.3 狭义元宇宙与广义元宇宙的大碰撞

相信读者对元宇宙已经有了基本的了解，它是一个与互联网相连接的虚拟世界，而且有专门承载元宇宙的平台进行服务，此外还应该具备连接的仪器和设备。

阿尔伯特·爱因斯坦（Albert Einstein）所提出的相对论有"狭义"和"广义"一说，两者的内容有很大程度的不同，而元宇宙同样有"狭义元宇宙"和"广义元宇宙"的区别。

什么是"狭义元宇宙"呢？受到技术的限制，"狭义元宇宙"应该只能实现部分功能和效果，有着各自的局限性。

按照"狭义元宇宙"的说法，能够被认定为元宇宙的产物有很多。莫高窟壁画作为中国著名的文化宝藏，壁画作者极力向世人展现了一个独特逼真的世界，壁画也成了人类早期体验元宇宙的一种手段。图 1-17 所示为敦煌莫高窟壁画《五台山图》局部。

图 1-17 《五台山图》局部

这幅《五台山图》所描绘的佛光寺，在 1937 年被发现，成为中国第一批重点文物保护单位。

随着时代的进步，在"狭义元宇宙"中存活的佛光寺，迎来了更加广阔的探索空间。2020 年，浙江大学文物数字化团队联合山西省古建筑与彩塑壁画研究院、忻州市文物考古研究所，历时两年，采集了 11TB 数据，打造了一座元宇宙中的佛光寺。图 1-18 所示为元宇宙中佛光寺的木构建筑模型。

图 1-18 佛光寺木构建筑模型

在这一模型当中,佛光寺殿堂内外,包括寺内的彩塑和壁画,都采用数字化模型搭建。现实中的佛光寺已经经历 1164 年的岁月,因为时间久远,必须进行维护和翻新,但是在元宇宙中它将青春永驻。

而佛光寺从最初的壁画来到了广阔的数字虚拟空间,就可以看作是元宇宙从"狭义"到"广义"的一种变化。

将来的元宇宙中还会有更加广阔的世界,或许未来世界可以通过连接元宇宙,用数字化身走进佛光寺的大殿,感受那里的一草一木,甚至可以通过味觉去体会古老的气息。

如今元宇宙的概念已经是广义元宇宙的概念,它比最初诞生时更加具体,其功能和用途也更加清晰。这个以互联网作为连接纽带进而以数字化方式呈现的虚拟世界,开始走入人们的视野之中。

1.3 看看名人聊元宇宙

元宇宙的潜力无限,但是在其发展道路上,同样充满着各种艰难阻碍。世界各地的企业家和学者,又会以怎样的眼光去看待元宇宙及其发展呢?我们可以听听他们的建议和思考。

1.3.1 感官创造无限可能

畅销书 *Augmented Human*、*Augmented Stories* 的作者海伦·帕帕吉安斯(Helen Papagiannis)博士认为:"对于元宇宙的愿景展望,很重要的一方面在于,能够将我们的想法从元宇宙的'外观'扩充到它的'声音''感觉'乃至'味觉',以便我们将来用所有的感官去体验元宇宙。如今人类可以通过镜像现实去增加虚拟体验的沉浸感,然而将来同样有机会能够以另外一种方式去应用自己的感官,这就为元宇宙的建设创造了更多的可能性,换言之,在元宇宙中,人们甚至可以创造一个'新的感官'。"

按照海伦博士的看法,感觉体验是元宇宙中至关重要的一环,而如今的虚拟交互设备基本已经能够实现视觉和听觉的模拟,同时在其他几个感官方面仍有着很大的提升空间。

有意思的是,早在 2013 年,来自新加坡国立大学的 Nimesha Ranasinghe 团队就开发了一款味觉模拟电极(Digital Taste Interface)装置。图 1-19 所示为这款味觉模拟电极产品,它由控制模块和舌头接口两个主要模块组成。

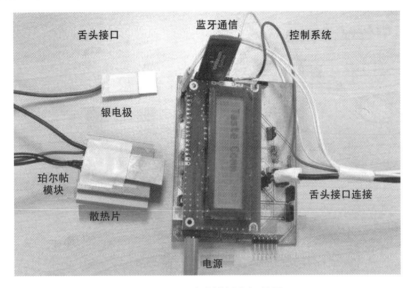

图 1-19 味觉模拟电极装置

这款装置的工作原理并不算难懂:通过半导体发送微小的交流电并且控制温度,从而"欺骗"使用者的味觉。体验者只需要将设备中两个电极片放到舌头的上方和下方,就能够体验到酸甜苦辣各种滋味。

在将来,味觉模拟电极会运用到一些游戏当中,它或许能够帮助病患提高生活质量,例如帮助糖尿病患者体验吃糖的快感,或者帮助消化系统疾病患者模拟吃辣椒时的体验。

当然了,只凭借味觉的改变显然不能让体验者意识到自己在吃东西,因此在 2016 年,东京大学的 Arinobu Niijima 和 Takefumi Ogawa 两位学者又打造了一款"电气食物质地系统"。它同样是通过粘贴在人体上的电极发射信号刺激下颚肌肉,从而模仿各种类型的咀嚼动作。图 1-20 所示为试验者体验电气食物质地系统发射的两种电信号。

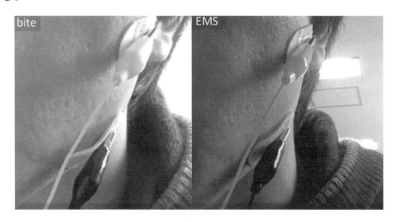

图1-20　试验者体验电气食物质地系统的两种电信号

东京大学的科研团队表示，试验者口腔内没有任何食物，但是却能清晰地感觉到自己在咀嚼。这个项目在模仿橡皮糖口感时最为逼真。它也可以在人吃下真实食物时提供一个辅助作用，让食物变得更加有嚼劲。

1.3.2　人工智能将成为元宇宙基石

尼赞·梅克尔-博布罗夫（Nitzan Mekel-Bobrov）是世界著名购物平台易贝网（Ebay）首席人工智能官，在他看来，人工智能对于元宇宙有着无可代替的作用。

尼赞·梅克尔-博布罗夫认为："没有人工智能元宇宙不会存在，正如同没有碳元素不会诞生有机世界一样，这种说法一点也不夸张。人工智能既是元宇宙必要结构支撑的基础，同样也是制作数字标示的材料，它将在物理数字界面扮演关键角色。人工智能将现实世界中人类的行为活动转变为数字输入，例如眼球转动、语言、手势以及运动等，人工智能公司和研究人员在这些领域已经取得了巨大的进步。想要了解物理对象，首先从正确识别它开始，这是人们在现今计算机视觉应用程序中所看到的一点。"

对于大部分公众来说，人工智能的理念最早是在一系列科幻作品当中出现。但是到了2016年，随着围棋机器人"阿尔法围棋（AlphaGo）"的横空出世，颠覆了社会对人工智能的认知。

作为一款由谷歌（Google）旗下DeepMind公司开发的围棋人工智能程序，阿尔法围棋用到了人工智能领域最新的技术，如神经网络、蒙特卡洛树搜索法等。图1-21所示为阿尔法围棋系统的4个主要部分。

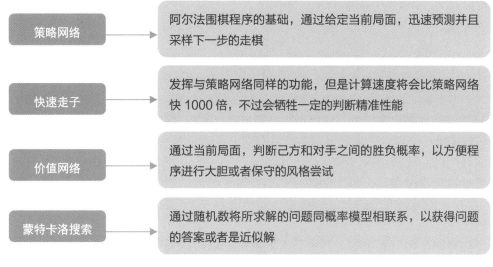

图1-21 阿尔法围棋核心技术

2016年3月,阿尔法围棋与当时的围棋世界冠军进行了一场"人机大战",最终以4∶1的比分获胜。而到了2017年5月,完成升级后的阿尔法围棋再次与当时排名世界第一的围棋冠军交战,以3∶0的比分干脆利落地赢得了胜利。

此后,谷歌团队又研发出了新版本 AlphaGo Zero,经过3天训练,AlphaGo Zero 面对它的老前辈——打败了两位世界冠军的阿尔法围棋,竟然以100∶0的比分将其碾压。围棋界不得不承认,智能程序已经超过了人类职业围棋的顶尖水平。

阿尔法围棋的诞生,标志着计算机智能已经进入了人工智能的新信息技术时代,图1-22所示为新信息技术时代的"三位一体"特征。

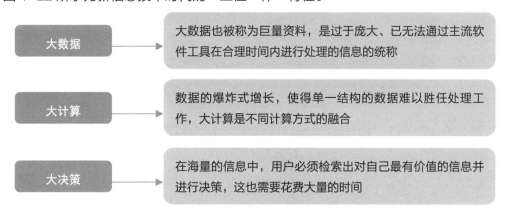

图1-22 新信息技术时代的三位一体

对于阿尔法围棋的研究者而言,如何战胜人类棋手显然不是其最终目的。围棋比赛可以作为一种很好的研究样本,来判断人工智能的进步程度,而它最终也会推动社会的变革。

1.3.3 元宇宙可不只包括虚拟

卡罗莱纳·阿盖勒斯·纳瓦斯(Carolina Arguelles Navas)是美国创新公司 SNAP 的全球产品营销官,在他看来,元宇宙能够在增强现实方面提供更大的帮助:"与其构建一个独立于现实世界的虚拟空间,我们显然对增强现实更感兴趣,而不是试图取代它。我们相信 AR(Augmented Reality,增强现实)技术终有一天会更顺畅地被大规模采用,这比创造一个完全虚拟的世界对现实社会更好。从玩乐到购物,AR 已经在改变人类的正常生活,相信等到未来,它还会有具备创造性和价值的体验。"

在漫威系列电影当中,超级英雄钢铁侠的零件就采用了大量的增强现实技术。图 1-23 所示为钢铁侠的内部构造。

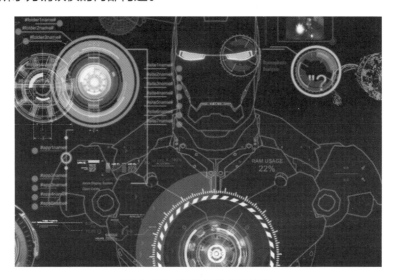

图 1-23 钢铁侠的内部构造

按照漫画的设计,钢铁侠通过神经机械学读取脑波控制盔甲,利用装置自带人工智能操控的高科技电脑,通过内外部装设的感应器,随时提供身体各个部位即时状态的报告。

虽然这些电影中的科幻场景难以在现实世界中实现,但是 AR 技术依然能够给人们带来前所未有的改变。例如,在医疗领域可以应用于手术的精确定位,在军事领域可以用于方位的识别以及所在地的地理数据获取等。

比起 VR 技术,AR 更容易应用在生活中,任何带有摄像头的智能手机或者数码设备都可以通过 AR 应用程序来实现一定的功能，例如智能识图。

1.3.4 元宇宙得有更多的定义

UNITY 增强和虚拟现实副总裁蒂莫尼·韦斯特（Timoni West）认为："人们最初希望将元宇宙打造成一个完全沉浸式、独立的数字世界，这个愿望不仅不现实，而且很有可能并非我们真正想要的。我们其实可以通过不同的方式去定义元宇宙并且捕捉它的精神，我们正在进入一个越来越具有世界意识的时代，与人交互的计算机已经可以识别出人脸、声音的绝对位置，并且以各种方式对这些数据做出反应。这些感知计算机将会是解锁环境计算的最新途径。把元宇宙说成一个世界，倒不如说成是一个计算时代，类似于自动驾驶汽车、机器人、智能家居的多种新兴交互和应用程序，会得到广泛的运用。"

和纳瓦斯一样，韦斯特对于人类科技是否能够支撑起元宇宙的沉浸式虚拟世界抱有相对消极的态度，而他显然更看重元宇宙中感知计算机所创造的变革，如自动驾驶汽车技术就在这方面取得了十分重大的进展。

20 世纪中期，人们就希望能够设计一款无人驾驶汽车，在节约成本的同时，也能够让驾驶变得更加安全和可靠。2010 年，谷歌公司正式宣布了自动驾驶汽车项目，试图通过改变汽车的使用方式，预防交通事故，将司机从驾车时间中解放出来的同时，减少碳排放。图 1-24 所示为谷歌披露的自动驾驶汽车雏形。

图 1-24　自动驾驶汽车雏形

图 1-24 中的自动驾驶汽车，看上去和普通车辆并没有太大区别，唯一的差异在于汽车头顶上复杂的摄像头和传感设备。汽车上的自动驾驶装置必须能够处理路面紧

急状况并且能够采取迅速应对措施,这十分考验驾驶系统的计算能力。

2011年,谷歌在内华达州和加州的莫哈维沙漠对汽车进行反复测试之后,最终说服了美国内华达州的相关机构,内华达的立法机关最终颁布法令,准许自动驾驶车辆上路,这条命令在2012年3月1日正式生效。

经过美国内华达州机动车辆管理局的检测,谷歌公司用"丰田普锐斯"型汽车改造的无人驾驶汽车先后通过了高速公路、市内街道和拉斯韦加斯闹市区域的测试,它因此也获得了美国乃至世界上首个自动驾驶车辆许可证。图1-25所示为世界上首款牌号为001的自动驾驶汽车。

图1-25　第一辆获得牌照的自动驾驶汽车

虽然在谷歌之后,源源不断的自动驾驶汽车被设计出来,但是其价格高昂的硬件设备(例如激光雷达、车载摄像头)、稀缺的道路测试条件成了自动驾驶在世界上普及的阻碍。英伟达公司提出设想,可以将自动汽车驾驶系统放入元宇宙的"模拟地球"中模拟来获得想要的数据和成熟的方案。比起还在起步阶段的元宇宙,类似于自动驾驶汽车这样的项目已经开始步入商业化轨道,两者之间相辅相成,对彼此的发展有着很大的参考意义。

1.3.5　有人喜就有人忧的元宇宙

并非所有人都喜欢元宇宙,例如加州创意策略公司(Creative Strategies)的总裁卡罗莱纳·梅拉内西(Carolina Melanesi)就认为:"元宇宙很有可能是逃避现实的一种方式，它看上去虽然有趣和引人入胜，但实际上可能造成地狱般的灾难，例如 Facebook 滥用信息的问题将会更加严重，类似于 Facebook 这样的公司将会用它进一步从消费者身上获利。"

2014 年，英国剑桥大学某心理学教授推出了一款名为"这是你的数字化生活"的 App，共获取了多达 5000 万用户的数据，并将这些数据带到了某分析公司。该事件被揭露后，脸书在网络平台上发布了相关情况，宣布暂时关闭相关涉事人员的脸书账号，并登报道歉。

"脸书数据门"导致个人信息被盗窃的事故并非个例，图 1-26 所示为近年来比较重大的几次数据泄露事故。

图 1-26　2021 年重大数据泄露事故

现实与网络的边界愈发模糊，购物、出行、外卖等大量的隐私数据被传输到互联网，在大数据时代背景下产生的数据隐私问题也就愈发明显。

元宇宙时代正在跨步而来，这意味着人们的隐私暴露的风险更大，如何利用区块链技术等去中心化工具保护个人的基本信息，将会是元宇宙重点讨论的一部分内容。

第 2 章

4 个阶段,发展脉络

"罗马不是一日建成的。"元宇宙的发展,也是从无到有,历经 4 个阶段一点点所积累的。从古代的神话幻想,再到今天的虚拟游戏世界,你或许会发现,关于元宇宙的一切,距离我们的生活并不遥远。

2.1 第 1 阶段：古代神话故事中的元宇宙雏形

过去的先人自然不可能创造一个虚拟的数字世界，但并非一定要使用高科技才能被称为元宇宙，因为古人的想象力已经满足了元宇宙最基本的要素，那就是一套特定的宇宙观。

2.1.1 《圣经》里的元宇宙世界

《圣经》是当前世界上最为畅销的书籍，它已经被翻译成 2000 种语言，并累计印刷发行千亿册。

在圣经的世界观中，上帝耶和华创造了整个世界，而亚当和夏娃便是耶和华所创造的最早的人类。基督教认为，由于亚当和夏娃被蛇引诱，偷吃了伊甸园的禁果，这一罪行会被传递给人类的后代，也就是所谓的"原罪"。因此，《圣经》中多次提及文明将会不断毁灭和新生。

圣经第一卷《创世纪》就写到，耶和华计划用洪水消灭除去挪亚一家的所有恶人，因此叫他打造挪亚方舟，带着牲畜和鸟类避开即将到来的洪水。按照原著之中的记载，挪亚方舟长"300 腕尺"、宽"50 腕尺"、高"30 腕尺"，以这个比例换算，其排水量差不多为泰坦尼克号的五分之三。图 2-1 所示为挪亚方舟的概念图。

图 2-1 挪亚方舟概念图

当时间来到公元 1 世纪，罗马帝国皇帝图密善（Domitian）在位期间，为了巩固自己的威权统治，大力打压被他视为威胁的基督教，因此基督教中流传下了《启示录》，认为那些"冥顽不化之徒"将会受到灭顶之灾，即《圣经》里面的"最后审判日"。

《圣经》里的末日学说，对西方文化界产生了十分重大的影响，并诞生了一系列艺术作品。图 2-2 所示为米开朗琪罗·博那罗蒂（Michelangelo Buonarrot）创作的壁画——《最后的审判》（*Last Judgment*）局部图。

图 2-2　《最后的审判》局部图

这幅画作是米开朗琪罗受命于罗马教宗，历经七年，最终于梵蒂冈西斯廷大教堂完成的作品，其内容可以分为 4 个阶层，从最上层审判的天使，到中心的基督，下方被审判的人群，以及最底层的地狱，这位艺术大师用自己的想象力还原了"审判日降临"的全部场景。

深受基督宗教影响的还有另外一位文艺复兴大师，这就是我们接下来会提到的但丁。

2.1.2　但丁笔下的《神曲》

但丁·阿利吉耶里（Dante Alighieri）是欧洲文艺复兴时代的开拓者，而他创作于 14 世纪早期的长诗《神曲》（*Divina Commedia*）是这位欧洲最伟大诗人的代表作。

《神曲》一共分为《地狱》《炼狱》《天堂》三个部分。在作品中，诗人以第一人称的口吻，描述了他在地狱、炼狱以及天堂所看到的不同场景。

但丁看到的地狱一共分为九层，宛如漏斗形状，一层层不断缩小。这里的犯人将会按照生前的八宗罪（色欲、贪食、贪婪、愤怒、信奉异端、强暴、欺诈、背叛）进行审判和处罚。

而在地狱的另外一处海面上则是炼狱，同样分为七个等级，按照天主教教义"七宗罪（septem peccata mortalia）"原则处罚那些犯下过错但是罪状较轻的人。而最后一处天堂也分为九层，这里是太阳、月亮、水星、火星等天体的所在地，是最高层，是圣母和所有得救灵魂的所在地。

图2-3所示为米切利诺（Domenio Di Michellino）创作的《但丁与三重世界》（Dante and the Three Kingdoms）局部图。

图2-3 《但丁与三重世界》局部图

按照这位诗人的原句，但丁之所以写下这部作品，是为了"对万恶的社会有所裨益"，他将自己对于中世纪意大利生灵涂炭的悲愤化作了一行行诗句。而但丁所构造的三重世界，却也同样有着让人沉浸其中的魔力，这也正是文字创造的虚拟空间所具有的魅力。

2.1.3 《易经》与《西游记》中的元宇宙

和西方世界相比，来自东方的作品有着一套截然不同的世界观。其中《易经》蕴含着十分深刻朴素的思想和自然法则，是中华文化的宝贵结晶。它和元宇宙又有什么联系呢？

按照孔子的说法："易与天地准，故能弥纶天地之道。"孔子口中的"易"，可以理解为《易经》当中的《周易》，而这句话翻译过来的意思是：《易经》已经可以算是天地（也可以说宇宙）之间的最高标准，因此能够笼盖万物之间的一切道理。

《易经》之中，世界万物是有同一个本源的，那就是"太极"，而"太极"的存在并非唯一，也并非固定不变，而是不断地运动变化，衍生出"两仪"和"四象"。图 2-4 所示为易经对初始世界演化过程的描述。

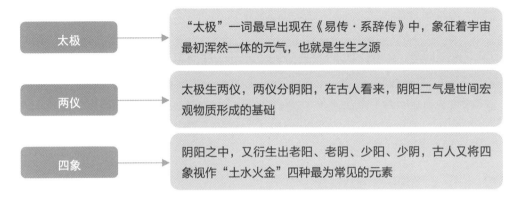

图 2-4　易经对初始世界演化过程的描述

在中国古典名著之中，《西游记》可以算是世界范围内传播最广、影响范围最大的小说之一，而它能声名远扬，很大一部分应该归功于作者吴承恩所构建的庞大世界观。

《西游记》中的世界构成，借鉴了佛教《阿含经》中的理论。佛教徒将人界分为四个天下，也就是东胜神洲、南瞻部洲、西牛贺洲、北俱芦洲四块，代表着四类社会阶层中的众生，它们都分布在了须弥山四方的咸海之中。图 2-5 所示为四大部洲概念图。

图 2-5　四大部洲概念图

《西游记》所创造出来的世界，对于明清时期的中国，甚至是周边国家朝鲜、日本等的文学发展,都有着相当大的影响。如今《西游记》更是成为一个经久不衰的主题文化,并衍生出一系列影视游戏作品,在《西游记》的元宇宙世界,它的边界也正在持续不断地被开拓。

2.2 第 2 阶段:当元宇宙走进现代影视作品

如果说古代的元宇宙并没有一个具体方向的话,那么在现代创作者的笔下,已经能够看得更远、看得更高,给未来铺设出了无限的可能。本节就让我们一起来见识下那些现代作品中的元宇宙。

2.2.1 《雪崩》里的假想空间

提起元宇宙这个概念,首先要谈到催生它的作品。1992 年,由美国著名科幻小说家尼尔·斯蒂芬森(Neal Stephenson)创作的小说《雪崩》(Snow Crash),首次提出虚拟世界(Metaverse)的概念。现实生活中的人群,可以通过"Avatar(化身)"进出这个虚拟空间,通过完成各种任务来提高自己的地位,并享受虚拟世界带来的便利。图 2-6 所示为小说《雪崩》的封面。

图 2-6 小说《雪崩》的封面

在 Metaverse 中,人类能够轻松完成日常世界难以做到的事情,实现各种天马行空的幻想。

《雪崩》的男主角为 Hiro Protagonist,他在现实世界里是一名收入微薄的比萨外卖员，就连三餐都难以维持，可是作为一名优秀黑客的他，却能够在 Metaverse 里呼风唤雨，最终拯救世界。

但是，作者同样在小说里隐隐表达出了自己对于虚拟世界的担忧。《雪崩》的故事背景设定在 21 世纪后期的美国，此时整个社会完全公司化，联邦政府形同虚设。而主人公所在的洛杉矶，已经被财团、黑帮、加盟连锁机构等多个势力掌控，在高科技生活的背后，是极大的贫富差距和动荡的社会底层。

人们越来越依赖于虚拟世界所带来的机会，也就给了"雪崩"病毒乘虚而入的空间，它在虚拟世界中能够通过攻击计算机底层算法来控制系统，甚至能够在现实当中感染人的血液，使其产生毒品依赖。

最终主角找到了杀死这种病毒的解药并成功战胜了反派，阻止了末日的到来。但是未来有一天，就如《雪崩》设想的一样，计算机病毒会不会在元宇宙中形成一个巨大的怪物呢？这需要所有元宇宙参与者进行提防。

2.2.2 《黑客帝国》与《头号玩家》

或许很多读者都会有一个这样的疑问：如何确定自己身边的人与事物都是真实存在的？或者只是自己所幻想的假象？从 1999 年开始上映的《黑客帝国》（*The Matrix*）系列就很好地设想了这个问题。图 2-7 所示为《黑客帝国》电影中描述的虚拟场景。

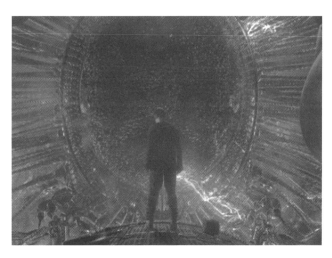

图 2-7 《黑客帝国》电影中描述的虚拟场景

相比于《雪崩》中虚拟病毒对世界所造成的破坏，《黑客帝国》的情况显然更加糟糕，世界上大部分地方都被一个名为"矩阵（Matrix）"的人工智能系统控制，包括主人公尼奥（Neo）在内的人类一直被放在他们自以为真实的虚拟世界中，以方便

"矩阵"从中获取多余的能量。当尼奥从仪器中醒来后,不得不和其他现实世界中的人类一起走上对抗"矩阵"的道路。

"矩阵"中的元宇宙失去了造福人类的功能,反而成为人类文明的最大阻碍,这是谁也不愿意看到的事情。对于元宇宙建设还在初级阶段的人类而言,这个假想有些遥远,相比之下,《头号玩家》(Ready Player One)中的元宇宙距离现实生活更近一步。图 2-8 所示为《头号玩家》电影中描述的虚拟场景。

图 2-8 《头号玩家》电影中描述的虚拟场景

这一部由导演斯皮尔伯格(Steven Allan Spielberg)所执导的电影,同样将视野放在了未来的 2045 年,此时人们对于处在混乱和崩溃边缘的现实世界感到失望,更加沉浸在虚拟游戏宇宙"绿洲(oasis)"当中,体验者只需要戴上 VR 设备,就可以进入整个虚拟世界遨游,而这正是大多数人的梦想。

2.3 第 3 阶段:游戏让元宇宙迎来再次升级

绕了一圈,我们还得把话题带到游戏上去,为什么?因为在众多设想的场景中,游戏依然被认为是最有可能实现元宇宙落地的项目。21 世纪之后,游戏领域又在元宇宙商业化模式上进行了哪些详细探索呢?本节将会带领大家一起探讨这个问题。

2.3.1 《第二人生》的成功

2003 年,美国公司 Linden Lab 推出网络虚拟游戏《第二人生》(Second Life)。图 2-9 所示为《第二人生》游戏界面。

图 2-9 《第二人生》游戏界面

在这块名为"林登世界（Linden World）"的土地上，来自世界各地的玩家们可以自由地进行探索、开发、生产，或者与好友以及陌生人一起吃饭、跳舞、旅游。《第二人生》不但成为一款虚拟的网络游戏，同时也成了一个全球性的社交平台。

由于当时计算机运行能力有限，在"林登世界"中最复杂的 F 区，也只允许 100 名玩家同时进行线上游戏，而居住区在线玩家人数也限制在 20 人以内。

这款游戏中的虚拟货币"林登元"能够进行美元套现。《第二人生》的首富是一位名为艾琳（Irene）的华裔德国女性，她花费 9.95 美元创建了账户，经过两年半运营却建立起了一个商业王国。图 2-10 所示为艾琳的虚拟资产交易网站。

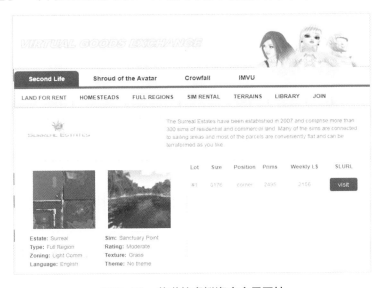

图 2-10 艾琳的虚拟资产交易网站

2006 年年初，艾琳已在游戏中创造了价值 25 万美元的资产，并登上美国《商业周刊》的封面。

2.3.2　游戏销量之王《我的世界》

2009 年，由瑞典游戏设计师开发的 3D 第一人称沙盒游戏《我的世界》（*Minecraft*）发售，它凭借极高的自由度和创造性，获得了世界各地玩家的喜爱。从 2009 年到 2022 年，《我的世界》成功登顶全球游戏销量排行榜冠军。图 2-11 所示为《我的世界》游戏画面。

图 2-11　《我的世界》游戏画面

《我的世界》并不需要多么高级的配置，即便不使用昂贵的 VR 设备，人们依然可以身临其境地感受到游戏的真实。因为这个世界是玩家一手创立起来的，《我的世界》也向所有的元宇宙建设者证明了一个很好的道理——虚拟世界的体验感并不只靠一系列交互设备支撑，还应该有丰富的内容和文化。

2.4　第 4 阶段：2021 年成为"元宇宙元年"

2021 年 12 月 6 日，中国国家语言资源监测与研究中心发布了"2021 年度十大网络用语"，"元宇宙"名列第五，成了唯一上榜的科技用语。随着元宇宙的概念从科技圈走向大众，2021 年正式成为"元宇宙元年"。

这当然是厚积薄发的结果。2018 年被称为"区块链元年"，此前还有"VR 元年""物联网元年"等，各种技术的突破，让各大企业看到了元宇宙技术变现的可能，谁都想率先成为这个领域的龙头老大，一场竞争随之展开。

2.4.1 "元宇宙第一股"登陆纽交所

压根不需要猜测,最想第一个吃元宇宙个大螃蟹的,绝对是一家游戏公司。果不其然,2021 年 3 月,罗布乐思(Roblox)公司对外宣布将在纽约证券交易所上市,并且首次将元宇宙的概念写入招股说明书。

罗布乐思作为一款大型在线游戏平台,其玩法和《我的世界》有些相似,平台用户同时是开发者,可以使用编程语言 Lua 设计游戏,还可以创造和发明游戏中的服饰和物品。图 2-12 所示为罗布乐思的游戏界面。

图 2-12 罗布乐思的游戏界面

上市第一天,罗布乐思估值就已经超过了 380 亿美元,而罗布乐思在同年 11 月发表的财报显示,其公司收入同比增长 102%,达到了 5.093 亿美元,用户活跃度也在迅速增加。图 2-13 所示为罗布乐思 2021 年月用户活跃度统计表。

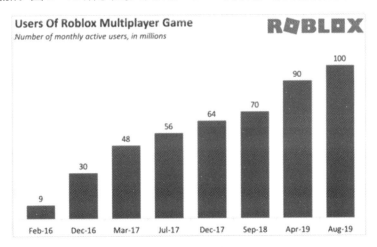

图 2-13 罗布乐思 2021 年月活跃度统计表(数据来源:Business Insider)

罗布乐思的月活跃用户已经突破了 1 亿人,成为全世界最大的多人在线创作游戏平台。充足的用户数量给罗布乐思公司的发展打下了深厚的基础。

2.4.2 罗布乐思提出的元宇宙"八大特征"

2019 年年底,罗布乐思筹备纽交所上市前,更新了一份计划募资 10 亿美元的招股书。招股书特别就元宇宙的概念进行解释,并认为一个元宇宙世界应该具备如下 8 大特征,如图 2-14 所示。

图 2-14 罗布乐思提出的元宇宙"8 大特征"

(1)身份(Identity):一个元宇宙用户能够拥有和现实世界截然不同的身份,这是在虚拟世界实现自己理想的前提。用户可以挑战自己不曾经历过的职业,迎接一个全新的人生。

(2)社交(Friends):和现实世界一样,元宇宙丰富多彩的生活也应该通过社交实现。用户既可以和好友一起展开探索,也能够隐藏在真实身份背后和陌生人进行互动沟通。

(3)沉浸感(Immersive):沉浸感是元宇宙的魅力所在,沉浸式体验能帮助人们更好地了解这个独特的世界,从而打破虚拟与现实的障碍。

(4)低延迟(Low Friction):由于元宇宙以互联网作为基础,用户想要获得比较流畅的体验,就必须满足高同步和低延迟的条件;考虑到元宇宙庞大的信息量,要求通信技术不断提高,因此 5G 技术将会在元宇宙中担任至关重要的角色。

(5)多元化(Variety):元宇宙的发展与用户的创造力息息相关,用户既是体验者,同样也是创造者,用户不断生成内容才能让整个元宇宙的规模不断扩大,不同的用户带有不同的观点,促成了元宇宙的多元化发展。

（6）随地（Anywhere）：元宇宙用户应该具有随时随地进入虚拟世界的能力，元宇宙成为人们日常生活的一部分，但是当今的 VR 等设备显然还并不能够满足用户的需求。

（7）经济系统（Economy）：元宇宙应该具备和现实世界一样的独立经济系统，好比游戏玩家的金币和装备，能在整个虚拟世界进行自由流通。考虑到元宇宙和现实社会的相互影响，它也可以兑换为现实货币。例如，在 2021 年大热的 NFT（Non-Fungible Token，非同质化代币）就可以视为一种元宇宙的虚拟资产。

（8）文明（Civility）：人类文明拥有独有的货币体系、法律规则和组织部门，当元宇宙在虚拟世界也拥有这一切时，数字化文明也就诞生了。它与现实生活息息相关，拥有属于自己的独特文化和制度，用户不仅是这个文明的体验者，同样也是创造者。

2.4.3 直接把公司名字改成"元宇宙"的巨头

2021 年元宇宙能火到什么程度？就连互联网的巨头都打起了公司名字的主意。

2021 年 10 月 28 日，在脸书举办的 Facebook Connect 2021 会议上，Facebook 创始人扎克伯格宣布，公司旗下部分产业将会更改全新的名字：Meta。这个单词也正是来源于元宇宙 MetaVerse 的前缀。图 2-15 所示为 Meta 公司设计的新名称和新产品标志。

图 2-15　Meta 设计的新名称和新产品标志

在会议上，扎克伯格解释了自己这样做的目的："Facebook 一直以来被认为是一家社交媒体公司，然而在我们的基因中，我们公司的本质是如何连接人群，元宇宙将会是下一阶段的前沿领域，就像当年脸书搭建的社交平台一样。"

改名之前，脸书就已经展开了一系列的尝试，并取得了相当大的成果。例如，

2021年8月，Facebook推出了一款名为Horizon Workrooms的VR会议软件。这款软件允许用户使用自己的虚拟分身，和其他人在共同搭建的虚拟空间中交流写作。图2-16所示是扎克伯格本人在Horizon Workrooms之中的虚拟形象。

图2-16　扎克伯格本人在Horizon Workrooms之中的虚拟形象

如同玩开放世界游戏一样，Horizon Workrooms可以先通过自己的长相创作出一个虚拟形象，方便同事和朋友进行识别，人物还可以进行服装和配饰的搭配。除此之外，这款软件还能将计算机桌面和虚拟会议室串联起来，并生成虚拟屏幕和键盘。软件捕捉的现实之中的动作，均会在虚拟空间再现，因此Horizon Workrooms给予了人们前所未有的体验感。图2-17所示为Horizon Workrooms的虚拟会议场景。

图2-17　Horizon Workrooms之中的虚拟会议场景

与罗布乐思不同的是，Facebook虽然名噪一时，但并没有取得太多收益。根据美国财经杂志的报道，Meta改名后的5个月内，反而损失了5000亿美元。2022年2月3日，Meta迎来史上最大单日市值损失，下跌了26%的股权，蒸发了2513

亿美元市值，创造了美股历史的最大跌幅纪录。图 2-18 所示为 Meta 当天股票走势图。

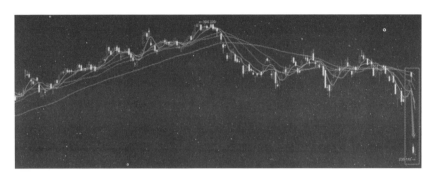

图 2-18　Meta 股票走势图

虽然 Meta 的亏损并不能全部归咎于公司改名，包括此前脸书发生的"数据门风波"，以及谷歌推出的新安卓用户隐私保护系统，都对追踪用户数据推送广告的 Meta 等公司产生了重大冲击。但是股价的下跌，同样反映了商界对元宇宙前景的犹疑，对此扎克伯格坦诚地表示：元宇宙的投资想要盈利，或许还要更长的时间，有可能要到本世纪 20 年代末期。

2.4.4　1175 万美元的成交纪录

2021 年 6 月 10 日，在苏富比拍卖行举办的"NFT 专场拍卖活动（NativelyDigital: A Curated NFT Sale）"中，一幅名为《加密朋克 7523》（*Cryptopunk*）的作品，以 1175 万美元的纪录成交。图 2-19 所示为《加密朋克 7523》的作品画面。

图 2-19　《加密朋克 7523》的作品画面

让不少人感到一头雾水的是，这幅自带马赛克的《加密朋克 7523》并非一幅画作，而是看得见却摸不着的网络虚拟产品，它究竟有什么魔力让买方甘愿付出千万美金呢？

要想了解加密朋克的价值，首先需要了解元宇宙新时代的宠儿：NFT。简单概括一下，NFT代币是去中心化数字账本中的一项内容，也就是区块链中的一个条目。

虚拟世界中很多概念是重复被人使用的，例如，一款游戏中的极品装备，就算它的稀有度再高，往往也会被两名以上的玩家所持有，但是对于NFT代币而言，它却拥有独一无二的特性。图2-20所示为NFT的6个特征。

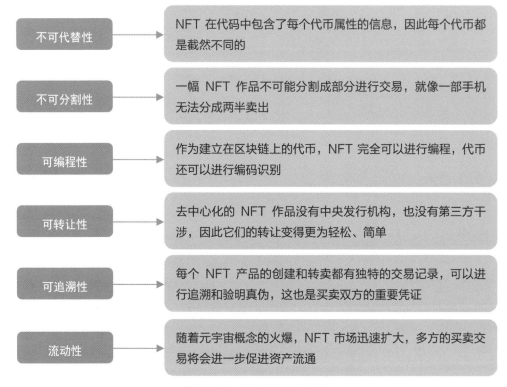

图 2-20　NFT 的 6 个特征

因此，当消费者购买了一幅NFT作品时，也就相当于获得它不可抹去的所有权记录以及实际资产的使用权。虽然NFT同样可以被展示和复制，但是虚拟空间的每个人都清楚，只有你才是它的使用者。针对NFT的特性，它也就被赋予了更多的商业价值，因为人们发现，收藏一个NFT作品，就如同在现实世界购买奢侈品一般，这种收藏行为可以帮助自己彰显在数字虚拟世界中的身份和地位。

当今最主要的NFT代币交易平台便是以太坊（Ethereum）。以太坊可以通过其专用加密货币以太币（Ether，简称"ETH"）提供去中心化的以太虚拟机（Ethereum Virtual Machine）来处理点对点合约。图2-21所示为以太坊商标。

图 2-21　以太坊商标

凭借平台坚持的几个原则，以太坊也获得了众多用户的青睐。图 2-22 所示为以太坊设计的 4 个原则。

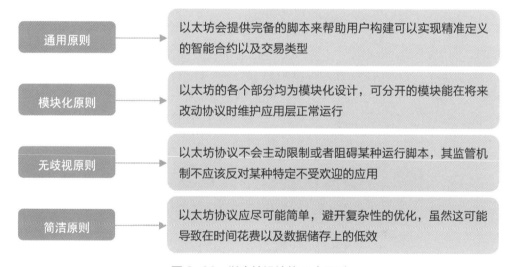

图 2-22　以太坊设计的 4 个原则

在以太坊交易平台上，前文提到的加密朋克，正是最受用户喜爱的 NFT 收藏类项目之一。2017 年，加密朋克正式诞生，加密朋克团队通过对 ERC-20 合约的改造，发行 10000 个由唯一生成字符组成的像素图画。它可以被挂在社交账号上作为头像，而任何一个拥有以太坊钱包的用户都可以免费领取。

这些作品虽然是随机生成，但是数量只拥有一万个，而且在未来也不会扩增，反应过来的以太坊用户很快就将其一抢而空。此后，大量用户开始通过区块链市场进行收购，加密朋克的价值也就迅速上升。图 2-23 所示为加密朋克头像市场的交易情况。

图 2-23　加密朋克头像市场交易情况

在这些头像之中,蓝色背景代表不出售或者拥有者暂时没有提供出价,红色背景代表该头像拥有者可供出售,而紫色背景则代表该款头像成为热门,并且有多位竞争者。越是稀有的头像,价格往往越高。而《加密朋克 7523》便是一万名头像中唯一一名戴着口罩的外星人,使其具有独特地位。

事实上,《加密朋克 75230》成交的 3 个月之前,在佳士得拍卖行的单一拍品专场拍卖中,美国艺术家 Mike Winkelman 作品《每一天:最初的 5000 天》(*Everydays：The First 5000 Days*)就以 6934 万美元的价格成交。这是 Mike 耗费 13 年所创作出的巨型拼贴作品,庞大拼贴下的每一张图像,都是一幅详细的画作。图 2-24 所示为《每一天:最初的 5000 天》作品局部。

图 2-24　《每一天:最初的 5000 天》作品局部

天价拍卖品的诞生也正说明,主体社会越来越认识到虚拟形象的价值,人们更愿意为它们付出时间和金钱。

2.4.5　来自元宇宙的虚拟美妆达人

2021 年 10 月,在热门短视频平台抖音上,一个账号名称为"柳夜熙"的账号引发了众多网友广泛关注,在她发布的第一段视频中,一位漂亮的古装虚拟女子正坐在镜头前缓缓梳妆,然而让人吃惊的是,她所处之地,竟然是现实世界中的城市。图 2-25 所示为"柳夜熙"的虚拟形象。

图 2-25 "柳夜熙"的虚拟形象

这条视频发布之后,竟然一口气获得了 300 多万的点赞,并吸引了百万粉丝进行关注。"柳夜熙"对于不少观众而言,是一种前所未有的新鲜感,在她的视频下面,也打上了"元宇宙"的标签。

在"柳夜熙"的背后是一个庞大的团队,"柳夜熙"的基础 3D 建模花费可能就超过 50 万,后期还需要对细节进行渲染,对真人演员进行动态捕捉,要耗费庞大的物力和人力。但是,将虚拟形象带进现实,并非将现实带入虚拟,这种反其道而行之的做法,对于媒体营销者有很大的借鉴意义。

2.4.6 火到元宇宙的《鱿鱼游戏》

如果要讨论 2021 年全球最流行的一部影视作品,自然是美国网飞(Netflix)公司出品的《鱿鱼游戏》(*Squid Game*),它讲述了数百名走投无路的人,为了争夺 456 亿韩元而进行的 6 个生死逃杀的故事。图 2-26 为《鱿鱼游戏》截图。

有趣的是,在《鱿鱼游戏》走红后不久,罗布乐思游戏平台很快就发布了一系列与《鱿鱼游戏》相关的游戏作品,这些作品均由用户设计开发,评分最高的几款在元宇宙中很好地还原了影视剧中的世界。图 2-27 所示为罗布乐思平台评分最高的一款"鱿鱼"系列游戏——*Hexa Game* 的游戏界面。

图 2-26 《鱿鱼游戏》截图

图 2-27 *Hexa Game* 的游戏界面

这款游戏共分为 6 关,来自世界各地的玩家只能有一人存活到最后。在这个元宇宙打造的虚拟世界中,用户可以亲身体验一把参与竞争的刺激感。从这个元宇宙游戏中我们可以看到,2021 年之后,元宇宙将会更加接近我们的生活,人们能想象到的事物也将会有亲自看到或体验到的一天。

第 3 章

5大趋势，未来发展

学前提示　元年过后，元宇宙对世界的影响将会愈发明显。而身为普通人的我们，应该如何面对一个全新的数字化时代？本章便围绕金融、文化等多重领域，详细分析元宇宙所带来的 5 大趋势，以及它的未来前景。

3.1 当虚拟和实体经济紧密相连

实体经济，既是人类社会赖以生存的基础，也是一个国家的经济命脉所在。当人们进入数字虚拟化时代后，并非意味着社会就要离实体经济而去，两者之间更应该紧密地融合在一起。

2021年11月，党的十九届六中全会在通过的《中共中央关于党的百年奋斗重大成就和历史经验的决议》中明确指出，要"加快发展现代产业体系，壮大实体经济，发展数字经济，激活数据潜能"。因此，数字经济将会成为实体经济的重要一环，并为其提供源源不断的新能量，它同样是元宇宙连接现实世界的纽带。

3.1.1 数字资产与实体经济的融合

2019年，我国数字经济增加值达到35.8万亿元，而到了2020年，我国数字经济规模增加到39.2万亿，在GDP中占比达38.6%，继续稳定上升。

数字资产也是数字经济运行的前提。何为数字资产？按照书面的解释，它是企业或者个人拥有或者控制，以电子数据形式存在，在日常活动中持有以备出售或处于生产过程中的非货币性资产。例如，一款软件、一篇Word文档、一期音频视频文件，都可以算得上数字资产。图3-1所示为数字资产的5个特征。

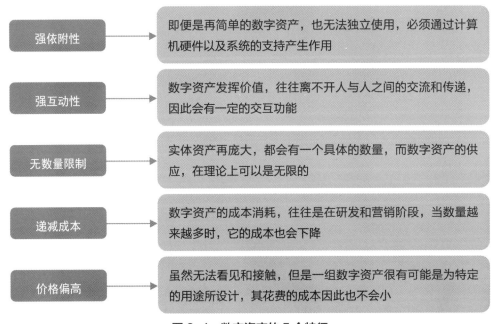

图3-1 数字资产的5个特征

大流行（新冠肺炎）时代推动了各个产业的数字化转型。例如，世界各地的大中小学以及教育机构进行停课，开始转向网络教学。图 3-2 所示为线上网络教育的概念图。

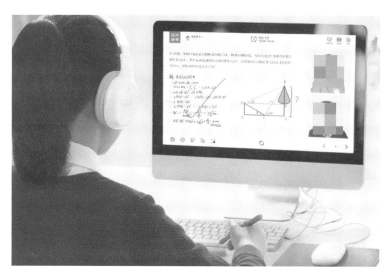

图 3-2　线上网络教育的概念图

随着基础设施的完善，世界正在致力于产业组织和经济结构层面的数字化创新发展，这将是数字经济与实体经济融合发展的重要一环。在未来的 10 年内，人类文明或许会迎来一次数字化转型建设的高潮，而元宇宙便是其中的典型代表。

3.1.2　资产上链推动数字化转型

每个人在出生之后，都会有一份专门的法律文书，记录下人们的基本信息，例如姓名、性别、出生日期，这就是人们常说的户口，它是一个公民最重要的身份凭证。而"资产上链"就是运用区块链的技术，给自己的资产或者数据"上一个户口"，把它们的信息对应到区块链的通证（token）上去。图 3-3 所示为资产上链的形成过程。

图 3-3　资产上链形成过程

在上链之后，通证将会与资产形成唯一的对应关系。例如，你有一栋别墅，那么别墅的产权证书就可以作为区块链上的钥匙，当你在区块链上将这把钥匙出售给别人，那么就已经在实质上完成了整个产权的转移，而买方通过线上的交易，就已经拥有了整栋别墅的产权。

在未来，企业对于资产上链，将会有 3 个重大需要，如图 3-4 所示。

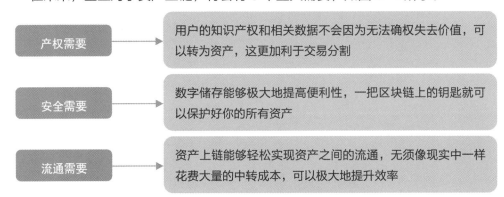

图 3-4　企业对资产上链的 3 个重大需要

资产上链之后，贸易之中的信任问题将会得到很好的解决，因为协议不再是口头或者书面的承诺，而是基于去中心化的区块链管理系统监督履行的环节。

2019 年，全球诞生了首例资产上链项目：由瑞图国际贸易公司（RETO）所发行的"RETO 美元债"，正式在美国证监会（U.S. Securities and Exchange Commission）备案，该美元债所锚定实物是瑞图购买的价值 3300 万美元的重装设备以及生产线。图 3-5 所示为瑞图购买的重装设备及生产线概念图。

图 3-5　瑞图购买的重装设备及生产线概念图

通过资产上链，购买"RETO 美元债"的投资者可以即时看见每条生产线的产量数据和销售数据，同时也可以进行生产数据和资产溯源。因为区块链数据无法篡改，使得投资的透明性和真实性大幅度增加。因此，资产上链的诸多优点将会进一步推动商业的数字化转型，把虚拟和实体经济紧密结合在一起。

3.2 数据成为关键财富

随着大数据时代的到来，数据已经覆盖人类社会每一个领域，而元宇宙需要建立虚拟世界和现实世界的连接，支持大规模用户的同时在线。元宇宙空间也就是数据空间。本节将重点介绍新时代背景下数据对人类的重要性。

3.2.1 数据就是公司核心竞争力

早期的企业没有太重视数据所带来的影响力，只是将其视为一种无关紧要的资源进行简单的储存和分析。然而，随着储存和分析技术的不断进步，越来越多的企业开始将数据视为最核心的竞争力，并且成立了专门的数据分析部门。在当前，数据分析可以对企业发挥 3 个重要作用，如图 3-6 所示。

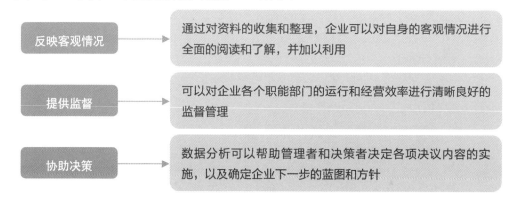

图 3-6　数据分析对企业发挥的 3 个重要作用

"数据就是力量"，这是美国电子商务公司亚马逊（Amazon）的一句经典名言。亚马逊成立于 1994 年，早期在网上售卖书籍作为主要业务，经过快 30 年的发展，如今已成为商品品种最多的网上零售商以及全球第二大互联网企业。

亚马逊的成功离不开数据分析技术的成熟。2021 年，时任亚马逊首席执行官的杰夫·贝索斯（Jeff Bezos）在一封致股东信中表明，当前亚马逊平台提供的 Prime 服务已经拥有超 2 亿用户，比 2020 年初期增加了 2000 万。

亚马逊正是通过分析超过 1 亿的用户账户大数据来促进销量的增长，这也是亚马逊公司利用 140 万台服务器分析和预测将近 10 亿数据所得到的结果。图 3-7 所示为亚马逊购物网站页面。

图 3-7　亚马逊购物网站页面

亚马逊的数据运用方式，首先就是通过用户设置兴趣、搜索历史等，专门为其提供特定的推送，这也是当前众多互联网企业共同的做法。但是相比于同行，亚马逊的数据分析技术显然更加成熟。

早在 2017 年 12 月，亚马逊就申请了一份名为"预测性物流"的专利。此时即将迎来国外的电商大促活动，相当于国内的"双十一"，但每逢这个时期，电商平台都会出现严重的物流滞后情况。"预测性物流"能够帮助亚马逊预判用户的购买行为，提前将用户可能下单购买的商品放到转运仓库，并在用户下单后直接发货送到家中，极大地节省了物流时间。图 3-8 所示为亚马逊在美国新泽西州（State of New Jersey）的物流中心。

图 3-8　亚马逊在美国新泽西州的物流中心

因此在 2017 年的电商大促期间，亚马逊的发货速度远超竞争对手，占据了大量市场份额。一些亚马逊用户尚未下单，但他们所需要的商品就已经出现在了官网首页，因此不少人感叹道："亚马逊可能比你更懂自己！"

想要完成亚马逊式的精准物流预测，其中的一些环节是必不可少的，图 3-9 所示为物流预测的 3 个阶段。

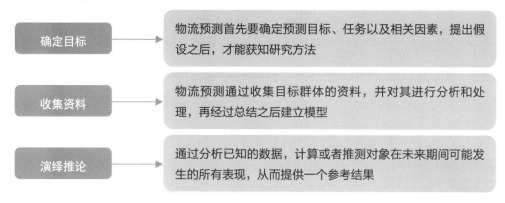

图 3-9　物流预测的 3 个阶段

由此可见，"预测性物流"这一技术，离不开对数据强大的搜集能力和计算能力，亚马逊对该项技术的运用同样充分展现了公司的信心和实力。

但是，即便再精确的数据，也无法完全算准客户的意图。面对那些已经被放到转运仓库而客户并不需要的商品，亚马逊会采取折扣，甚至是以礼物的形式送给用户，这也使得亚马逊公司的口碑大幅度提高。

3.2.2　当数据成为个人隐私

在本书的前文曾专门讲述了脸书公司的"数据门事件"。数据商业化时代的到来，基于中心化系统的大数据可以将一个人从内到外看得一清二楚，如何保护隐私不被泄露，成为一个至关重要的难题。图 3-10 所示为隐私信息的分类。

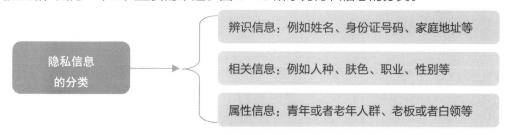

图 3-10　隐私信息的分类

在上述的几种隐私类别中，从辨识信息到较为模糊的相关信息和属性信息，前者显然是最为重要的，但后面两种信息却更加容易暴露。

不少地区对于隐私权益的保护尤为重视，美国在 1974 年就推出了《联邦隐私权法》，又在 1986 年和 2000 年推出了《联邦电子通信隐私法案》和《儿童网上隐私保护法》；而欧盟同样在千禧年交替之际推出了《电信事业个人数据处理及隐私保护指令》《Internet 上个人隐私权保护的一般原则》等相关法规。

但是，由于互联网环境错综复杂，是否能够合理保障用户信息安全很大程度上依然取决于信息服务运营商是否自律，以及安全系统是否完善。例如，2020 年 3 月 31 日，万豪（Marriott）国际酒店数据库就有涉及 520 万客户的个人信息被泄露。图 3-11 所示为万豪酒店官网就信息泄露事件发布的声明。

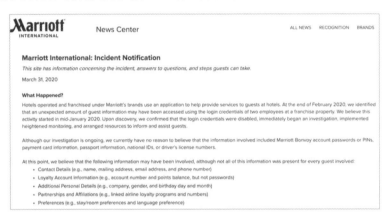

图 3-11　万豪酒店官网就信息泄露事件发布的声明

事实上，这已经不是万豪酒店第一次"翻车"，早在 2018 年，由于万豪旗下喜达屋（star.wood）的预订数据库受到了不明黑客的入侵，就导致了涉及最多 5 亿名客人的信息被泄露。图 3-12 所示为 2018 年万豪酒店发布的声明。

图 3-12　万豪酒店发布的声明

在这些泄露的信息当中,包括客户的姓名、电话号码、出生年月、住址、公司所在地、邮箱地址、酒店会员账号等一系列详细信息。这两次数据泄露事件,均和黑客团伙的攻击有关。

由于酒店信息包含的资料十分全面,因此往往更加容易受到不法分子窥视。2018 年,华住酒店集团同样有将近 5 亿条数据泄露,并被挂在暗网上,以 37 万的"打包价格"出售。

在数据量更加庞大的元宇宙时代,去中心化的区块链技术会是人们保障自己隐私十分重要的方法,我们可以用区块链的第一个应用——比特币(Bitcoin)来作为例子。图 3-13 所示为比特币概念图。

图 3-13 比特币概念图

比特币风靡全球,而它在一定程度上显得更加安全。图 3-14 所示为比特币隐私性强的 3 个原因。

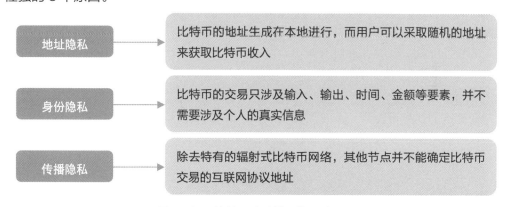

图 3-14 比特币隐私性强的 3 个原因

这并不意味着比特币的持有者就可以随意而为,比特币服务商必须进行实名认证,用户一系列身份信息均被记录,而通过邮箱和手机等信息就可以找到用户提款地址和充值地址。除此之外,由于比特币的交易链公开透明,人们只需要获得一个比特币地址,就可以找到一系列相关联的信息。

人们利用区块链保护隐私,可以在借鉴比特币交易的基础上,利用其他几门技术,例如环签名（ring signature）算法。相传环签名的概念最早起源于 17 世纪的法国,当时的法国大臣联名给国王上谏,却又不想让国王知道带头者为谁,专门采用了圆环签名的方式。环签名算法中的每个用户都有一个公钥和自己的私钥,所以在传播信息时,环签名就具备了 3 个特性,如图 3-15 所示。

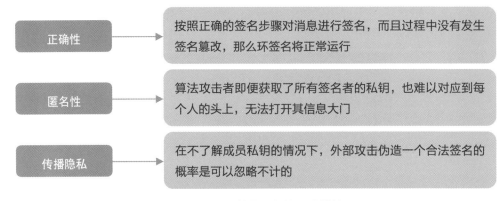

图 3-15　环签名具备的 3 个特性

零知识证明（zero-knowledge proofs）技术同样可以从源头规避元宇宙数据泄露的问题。什么是零知识证明呢?按照百科定义,它指证明者能够在不向验证者提供任何有用信息的情况下,使验证者相信某个论断是正确的一种手段。

打个通俗的比方:童话故事里劫匪抓住了阿里巴巴,逼问他打开山洞获取秘宝的咒语。而阿里巴巴清楚,如果自己把咒语告诉劫匪,那他们很有可能"卸磨杀驴",但是阿里巴巴同样不能随便编一串数字给劫匪,否则依然面临杀身之祸。因此,阿里巴巴要求劫匪远远站开,自己念咒语打开石门,这样一来劫匪并不清楚咒语具体是什么,而阿里巴巴在没有透露咒语是什么的情况下展示了自己能用咒语打开石门的能力,从而保住了性命。

在未来的元宇宙世界,系统可以将人们不想暴露的信息部分替换成一段零知识证明,在确保数据真实可信的情况下,也无须通过第三者进行认证,这样既提供了安全空间,也为元宇宙的数据信任打下了基础。

3.3　全新开启的虚拟人生

假如元宇宙真有一天发展起来,那么现实社会中每一个人所面临的首要问题便是:怎样建立自己的虚拟形象?这个形象将会代表你在虚拟世界中的一切,通过这个形象，你可以拥有虚拟世界的身份地位和财富资产，并将它们与现实中的世界紧密结合在一起。

3.3.1 数字化身定义虚拟形象

相信不少观众对于 20 年前的科幻电影《阿凡达》（*Avatar*）印象深刻，导演詹姆斯·卡梅隆（James Cameron）为观众们展现了一部别开生面的特效大片，主角通过"阿凡达计划"拥有了纳美族的替身，才能在潘多拉星球上自由活动。图 3-16 所示为"阿凡达计划"替身。

图 3-16 "阿凡达计划"替身

把《阿凡达》电影的英文名 Avatar 翻译成中文，正是"数字化身"的概念，而数字化身也是人们能够在虚拟世界活动的基础。

对于大部分中国人而言，最早的数字化身恐怕还要从腾讯公司推出的 QQ 秀说起。图 3-17 所示为腾讯公司早期推出的 QQ 秀。

图 3-17 腾讯公司早期推出的 QQ 秀

2002 年，腾讯在发布的 QQ 2000C Bulid 1230 beta2 patch 版本中推出了自

己的第一代增值业务产品——QQ秀，靠着虚拟形象的穿搭和展示吸引了不少用户的目光。为此腾讯乘机推出QQ秀红钻贵族，凭借红钻会员的身份，用户不仅可以拥有特殊标识，还能够免费装扮全部的QQ秀装饰。最终许多使用者为了能穿戴更好看的QQ秀而自掏腰包，来寻求一种成就感，而QQ秀的运营也让腾讯公司赚到了第一桶金。

然而随着时间的推移，QQ秀从红极一时开始逐渐没落，2021年11月9日，腾讯公司正式下线了PC版QQ秀，用户无法再看到自己的QQ秀形象，这也标志着一个时代的结束。

QQ秀没落的原因显然有很多：当3D技术普及时，它依然只是一个简单的2D静态虚拟形象；只能用于电脑版本的聊天窗口形象以及头像展示，结构功能单一。不过腾讯显然也注意到了这一点，2022年2月10日，腾讯官方就发布了一则新消息，将推出全新的"超级QQ秀"。图3-18所示为"超级QQ秀"概念图。

图3-18 "超级QQ秀"概念图

按照官方发布的信息，新版本的QQ秀将会采用3D动态建模，并且突破性地开发了AI面部识别等功能，使得用户形象更加生动。

QQ秀的升级同样还体现在社交方面，它不再是单一地展示形象，而是改造成了一个由QQ秀作为主角的"小窝"——房间，相当于一个"3D版"的QQ空间，这或许会让QQ秀的形象更加具有吸引力。

如果想要让虚拟形象变得更加生动形象，同样离不开动态捕捉（Motion capture）技术，也就是将尺寸测量、对物理空间物体的定位、方位测定等情报，转换为计算机可以直接处理的数据并加以运用。例如，此前提到的《阿凡达》就是首部全程使用动作捕捉技术（简称动捕技术）完成的电影。图3-19所示为动作捕捉系统。

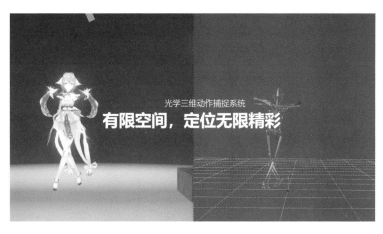

图 3-19 动作捕捉系统

而动作捕捉的设备,通常由 4 个部分组成,如图 3-20 所示。

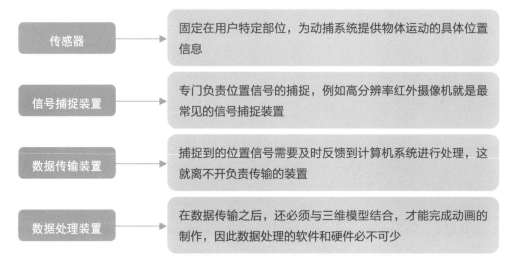

图 3-20 动作捕捉的 4 个部分

一般而言,信号捕捉装置和传感器的数量会决定动作捕捉的质量。不过在 2019 年,脸书推出了一款优化了人脸追踪算法的 VR 头显系统。研究人员先是将额外增加 9 枚摄像头的 VR 设备戴在试验者的头上,在收集画面之后,研究人员取下 6 枚摄像头再进行捕捉。事实证明,两者效果并没有相差多少。当动捕技术更加方便和成熟后,数字化身将会更加具有辨识度。

3.3.2 独立体系保障元宇宙生活

在日常生活中,如果你忘记了某款软件的个人账号和密码,如何才能找到它?最简单直接的方法,就是通过手机号码进行验证。现如今大部分软件在注册账户时往往需要绑定手机号码,账户不仅仅可以通过手机找回密码,还可以凭借手机号直接登录。密码的存在感越来越低,例如部分应用提供的"手机号一键登录"系统,不仅不需要密码,而且更加方便快捷。图 3-21 所示为"手机号一键登录"系统原理示意图。

图 3-21　"手机号一键登录"系统原理示意图

当人们越来越依赖手机所提供的便利时,部分软件甚至出现了在知晓密码的情况下也必须通过手机号进行验证方可登录的情况。然而,如果有一天手机号停止使用,那么人们是否还能够登录软件和找回密码呢?即便可以,想必也要经过复杂的程序,花费大量的时间。

由此可见,将身份验证等功能交给身为第三方机构的移动服务平台,算不上一项万全之策。而且手机号码并不是特别私密的信息,一旦移动设备丢失或者账号数据遭到泄露,很容易受到不法之徒的觊觎。

因此,一些互联网巨头又提供了其他的身份验证功能,例如脸书、谷歌、支付宝等,都授权用户可以使用账号在第三方进行登录,这样就能避免重复地注册和输入信息造成后信息泄露。

以谷歌为例,在用户登录时,谷歌展示给用户的信息包括网站域名和隐私政策等,而通过谷歌的 API(Application Programming Interface,应用程序编程接口)和服务界面,人们可设置其获取信息的范围和权限,如图 3-22 所示。

谷歌账号授权登录使用的技术,便是 OAuth 2.0 协议,这种协议通常允许用户设置是否将自己在某个应用上的资源授权给第三方应用访问。

图 3-22 谷歌的 API 和服务界面

打个最简单的比方,它就如同小区的门禁系统,而第三方应用就好比需要上门服务的快递员或者维修人员。当快递员或者维修人员想要进入用户家中,就必须通过门禁系统和住户进行沟通,在住户同意之后方可进入。同样,第三方程序将会获得一串允许自由通行的"令牌(access token)",然而这块令牌不但具有时效性,而且权限也有限制(例如只能去用户的某房间)。图 3-23 所示为 OAuth 2.0 协议英文程序的运行流程。

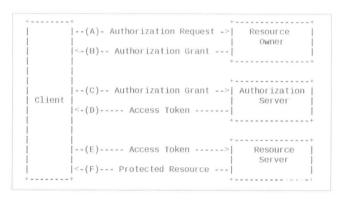

图 3-23　OAuth 2.0 协议英文程序的运行流程

然而,依靠谷歌或者脸书等账号建立的数字身份,是由单一的权威机构进行管理和控制的,用户的数字身份还是可能受到篡改、泄密,甚至是抹杀。

在元宇宙世界,最好的办法是建立一个去中心化的数字身份,以用户作为中心。例如,通过 PKI(Public Key Infrastructure,公钥基础设施)和 DID(Decentralized IDentity,去中心化身份)就可以实现去中心化数字身份的建立。图 3-24 所示为 PKI 系统的基本框架。

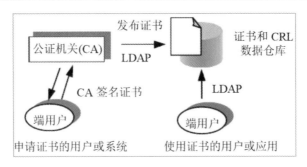

图 3-24　PKI 系统基本框架

PKI 的主要功能是通过绑定数字证书持有者和相关的密钥,为用户提供方便的证书申请、证书获取等途径,或者利用数字证书和证书发布、黑名单发布等服务实现通信过程中实体的身份认证和保密。而 PKI 的核心便是在一个安全、可信任的 CA（Certification Authority,认证机构）服务器上建立起来的。

DID 是一个基于区块链建立的数字身份系统。在 DID 系统之中,每个用户身份不再由第三方控制,而是个人自主管理,其中用于管理人、机、物数字身份的是一个 DID 文档（DID Document）,其包含了 7 种信息,如图 3-25 所示。

图 3-25　DID 文档包含的 7 种信息

凭借区块链安全、去中心化的优势,DID 可以构建到不同的应用之中,从而使得元宇宙用户有能力保护好自己的信息。例如,NFT 生态系统 identity 平台就运用了 DID 技术。图 3-26 所示为 identity 平台的智能合约和区块链系统。

在 identity 平台中,任何人都可以创建属于自己的 NFT 身份,并且可以将不同的平台作为自己的 ID 账号。identity 平台已经与多个虚拟世界平台合作,用户可凭借 identity 建立的数字身份,进入多个元宇宙进行探索。因此,去中心化身份系统将会成为元宇宙用户的有力后盾。

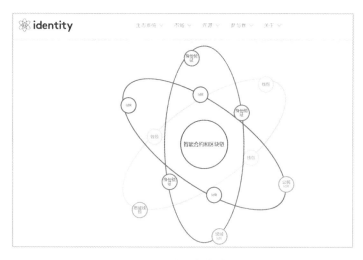

图 3-26　identity 平台的智能合约和区块链系统

3.4　文化将步入数字时代

人类文化的变化和进步，与创造时代息息相关；科学技术解放了生产力，同样也让人们的思想迈上了一个新的台阶。而传统文化碰上元宇宙，又会碰撞出怎样的火花呢？本节将重点介绍步入元宇宙时代后文化将如何彰显在虚拟世界中的价值和地位。

3.4.1　元宇宙中的艺术品

2021 年 10 月，中国线上购物网站天猫上线了"天猫双 11"首届元宇宙艺术展，其中包含了小鹏汽车、Alienware、五粮液等 15 个参展商，参展商品牌都拥有自己单独的数字收藏品。

按照天猫商铺的规则，参观者可以通过抽签获得购买资格，如果用户抽签被选中，就可以在购买品牌商品之后获赠由参展方提供的数字收藏品一份。

因此，这一场艺术展是为了线上卖货而量身打造的噱头，参展商提供的 15 份虚拟商品也都是阿里旗下一名叫作 AYAYI 的超写实数字人创作。图 3-27 所示为天猫商铺展出的 NFT 数字展品。

至于这些艺术品价值几何，显然还要看阿里本身的影响力以及人们对联名品牌的认同程度，但至少大多数顾客不会专门为几个数字产品就买一台汽车回家。不过将 NFT 艺术品捆绑在线上营销上，算是一次比较大胆的尝试。

相较于国外火热的 NFT 艺术品拍卖市场，国内拍卖界则起步稍晚。2021 年 5 月 4 日，中国嘉德拍卖行宣布，会在 2021 年春季拍卖会当代艺术夜场中推出

NFT作品——《牡丹亭Rêve之标目蝶恋花——信息科技穿透了「我」》，如图3-28所示。

图3-27 天猫商铺展出的NFT数字展品

图3-28 《牡丹亭Rêve之标目蝶恋花——信息科技穿透了「我」》

这幅作品是以昆曲经典《牡丹亭》为主题而设计，最终以66.7万人民币的价格成交。来自中国的投资者也正在逐渐了解和认可NFT作品的含义。

在国外，《每一天：最初的5000天》创造了6934万美元的成交纪录，成交纪录的第二名为 *HUMAN ONE*，如图3-29所示。

图 3-29 *HUMAN ONE*

这幅作品是高度超过 7 英尺的雕塑,由 NTF 艺术家 Beeple 所创作,其主人公为一名在异世界行走的宇航员。整幅作品表现出一股荒凉孤独之感。在元宇宙世界中,*HUMAN ONE* 自带相应的 NFT 动态,而设计者 Beeple 还能够在远端对艺术品进行访问以及设计动态创意。2021 年 11 月 10 日,一位瑞士买家最终以 6103 枚以太币(折合美元 2898.5 万)的价格买下了 *HUMAN ONE*。

独一无二是艺术品价值的一个重要体现,事实证明,当 NFT 的观念被公众接受后,越来越多的人愿意为这份来自元宇宙的艺术慷慨解囊。

3.4.2 知识产权成为灵魂

2017 年 11 月,一款名为《加密猫》(*CryptoKitties*)的游戏迅速走红网络世界,而且有不可阻挡之势。

《加密猫》似乎有点像一些游戏爱好者在过去玩过的电子宠物。早期的游戏用户可以免费领取到一只小的猫咪,并通过一系列操作将其养大、买卖或者繁育。但是,和电子游戏不同,每一只加密猫都是独一无二的,在其体态特征都有着不同的差异。而两只加密猫繁衍出的后代,甚至可能诞生更加稀有的物种,并被收藏者所追求。图 3-30 所示为《加密猫》游戏界面。

因此,《加密猫》也就诞生了商品属性。想要购买或者出售猫咪的用户,必须通过《加密猫》官网以以太币的形式进行交易。除去猫咪外表之外,交易界面还会显示繁育代数、冷却时间等游戏参数,这些都将决定加密猫本身的价值。图 3-31 所示为《加密猫》交易界面。

图 3-30 《加密猫》游戏界面

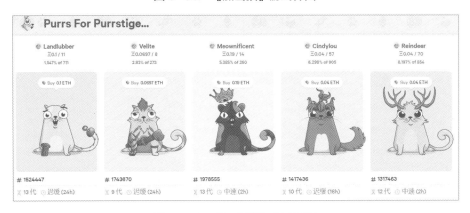

图 3-31 《加密猫》交易界面

让人意想不到的是，游戏发行只有两个月的时间，《加密猫》竟然完成 2 万只电子猫的买卖，直接使以太坊交易量翻了 4 倍，突破了两万大关，并导致系统出现堵塞。图 3-32 所示为以太坊从 2015 年 7 月到 2017 年 12 月交易量增长图。

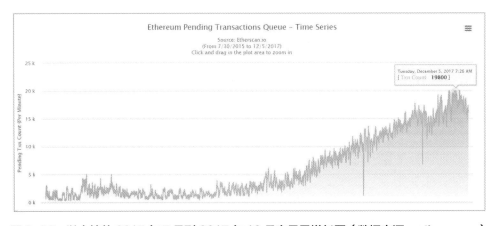

图 3-32 以太坊从 2015 年 7 月到 2017 年 12 月交易量增长图（数据来源：etherscan）

在 2017 年年底，一只最贵的加密猫名为"龙 Dragon"，编号 896775，因为其独特的"栗色"眼睛和"棉花糖"色调，最终以 600 以太币的价格交易（相当于 17.2 万美元）。

得益于是世界上第一个"吃螃蟹"的游戏，《加密猫》迅速占领了广阔的元宇宙市场，获得了众多用户的认同，这也使得《加密猫》的身价迅速增高，远超同一时期的其他 NFT 收藏品。虽然《加密猫》之后便被《加密朋克》等热门游戏所取代，但也可看出，作品的 IP（intellectual property，知识产权）在元宇宙世界中发挥重要的价值。

不仅是类似于《加密猫》这样的新兴区块链游戏，现实世界中诸多品牌也都想在元宇宙中打响自己的品牌文化，目前，美国职业篮球联赛（National Basketball Association，NBA）显然是最为成功的案例之一。

一段 NBA 篮球巨星勒布朗·詹姆斯（LeBron James）灌篮的视频，在 NBA 打造的 NBA TOP Shot 上卖出了 20.8 万美元的高价。图 3-33 所示为 NBA TOP Shot 界面。

图 3-33　NBA TOP Shot 界面

NBA TOP Shot 正是 NBA 联赛所打造的一款基于区块链技术的数字收藏平台。这款平台的研发者，也是《加密猫》的开发团队 Dapper Labs。此前 Dapper Labs 已经获得了伊戈达拉（Andre Iguodala）、麦基（Javale Mcgee）等在内的多名 NBA 球员的融资。

在 NBA TOP Shot 完成注册之后，用户便可以通过美元或者加密货币购买官方发行的 NBA 卡包。卡包通常包括某一 NBA 球员或者是某一比赛精彩进球集锦，它们并非是简单的文字加图片，而是具备镜头和详细描述。按照卡包编号、球员名气，分为普通（Common）、稀有（Rare）、传奇（Legendary）3 个类别，而名气越大的球员或者比赛越关键的镜头，其价值也会更高。

截至 2021 年 2 月，NBA TOP Shot 的顶级收藏品销售额已经吸引了 3.3 万名用户，一个月内的销售额已经突破了 1 亿 8000 万美元，成功登顶 NFT 交易榜首，如图 3-34 所示。

Crypto Collectible Rankings by Sales Volume (30 days)

	Product		Sales	Change (30d)	Buyers	Txns
1	NBA Top Shot	F	$181,302,641.38	▲1,239.72%	61,135	1,283,293
2	CryptoPunks		$67,382,162.38	▲1,827.51%	678	2,042
3	Hashmasks		$31,814,408.19	▲0.00%	1,836	7,328
4	Sorare		$3,680,535.00	▲129.54%	2,952	21,363
5	Art Blocks		$3,289,278.58	▲574.91%	535	2,321

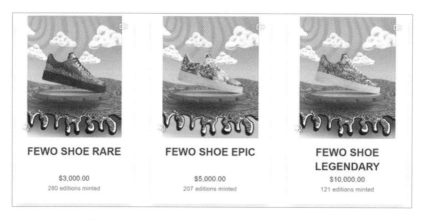

图 3-34　NBA TOP Shot 登顶 NFT 交易数额榜首

和《加密猫》不同的是，NBA 联赛在登陆 NFT 市场前已经有了大批忠实的球迷和粉丝，他们是 NBA TOP Shot 的潜在用户，是品牌影响力的价值体现。反过来，通过 NBA TOP Shot 的发行，同样也在虚拟空间中对 NBA 乃至整个篮球文化进行了宣传，进而反哺现实中的联赛市场。

除去球星照片，不少用户还喜欢收集潮流的衣服和鞋子，当这些服装变成收藏品，它们本身用于穿戴的价值不再重要，但会因为时间久远而损失质量。于是有人想到了在元宇宙里保存收藏品。例如在 2021 年 4 月，RTFKT 工作室推出了 3 款虚拟球鞋，如图 3-35 所示。

图 3-35　RTFKT 工作室推出的 3 款虚拟球鞋

这 3 款球鞋发售价分别为 3000 美元、5000 美元和 10000 美元，结果在球鞋上线后短短 7 分钟时间里，总价值高达 310 万美元的 621 件 NFT 库存就被用户抢得一干二净。有趣的是，RTFKT 工作室还专门聘请了专业人员，为购买虚拟球鞋的买家打造了现实中一模一样的鞋子并邮寄送出，可人们显然更加看重虚拟球鞋的价值，大有"买椟还珠"的味道。

到了 2021 年 12 月，知名服装品牌耐克（Nike）公司宣布将 RTFKT 工作室收购，根据美国媒体报道，耐克很有可能为此支付了超过 2 亿美元。作为尤其看重前沿科技的公司，耐克还申请了一项叫作 Cryptokicks 的专利，这项技术可以用于防止伪造和溯源，当顾客购买一双耐克球鞋的时候，也可以得到该球鞋的 NFT 图像，从而验证真伪。

因此，知识产权是现实世界中人类智慧的动力保障，而它在元宇宙中同样是一款产品的灵魂所在。现实世界中很多公司正在竭力将品牌数字化，从而扩大自己的影响力，好在未来的虚拟世界中占据一席之地。

3.5　数字货币在全球流通

当代的人们出门购物，无须掏出钱包，一部手机几乎可以解决所有的问题。移动支付将互联网、金融机构、终端设备结合起来，成为一个全新的支付体系，如图 3-36 所示。

图 3-36　移动支付体系

然而它依然有着重重漏洞，例如，因为信号问题难以在偏远地区普及，容易受到木马和黑客的攻击，又或者是跨境转账需要烦琐复杂的手续和成本等。本节将重点讨论元宇宙背景下数字货币在全球流通的趋势以及失败的案例和教训。

3.5.1 数字货币的大发展

2015 年 2 月,南美洲国家厄瓜多尔向世界宣布,将会推出一种全新的支付加密系统以及基于这种加密系统的厄瓜多尔币,符合条件的厄瓜多尔居民可以使用加密货币在超市、商场、银行完成支付,厄瓜多尔也正式成为世界上第一个推动数字货币的国家。

基于区块链诞生的厄瓜多尔数字货币,有 4 个重要特征,如图 3-37 所示。

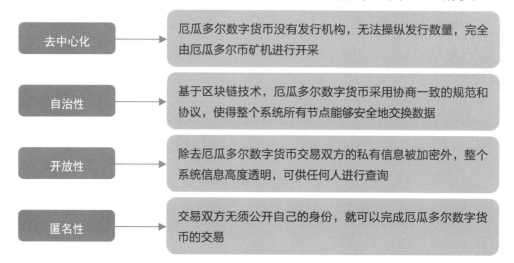

图 3-37　厄瓜多尔数字货币的 4 个特征

不过让人感到好奇的是,为何世界上最大的几个经济体处在观望状态,反而是厄瓜多尔能够领跑数字货币呢?原来,从 2010 年开始,厄瓜多尔国内经济饱受通货膨胀之苦,厄瓜多尔中央银行决定推出数字货币作为一种刺激经济的实验性做法。项目负责人乐观估计,2015 年最多会有 50 万人使用厄瓜多尔数字货币系统,然而市场对此却反响平平,一年时间内,数字货币只占据厄瓜多尔整个经济体货币量的 0.00003%。2018 年 4 月,官方不得不无奈宣布,停止厄瓜多尔数字货币的运行。

无独有偶,2018 年,委内瑞拉宣布发行 1 亿枚与石油价值挂钩的"石油币",试图以此缓解金融危机,却依然以失败告终。图 3-38 所示为委内瑞拉发行的石油币。

厄瓜多尔和委内瑞拉的失败说明,数字货币是一款实验性的产物,但它的潜力依然巨大,各国早已将其提上议程。2018—2019 年,国际清算银行与市场基础设施委员会针对各国央行对数字货币的研究愿景以及工作进展进行了两次调查,结果显示,70%的受访央行正在进行或者将会进行数字货币的研究。

中国央行在 2014 年就已经成立了专门的数字货币研究团队,并在 2017 年于深圳成立了数字货币研究所。图 3-39 所示为央行数字货币研究所。

图 3-38 委内瑞拉发行的石油币

图 3-39 央行数字货币研究所

2020 年 8 月，根据商务部印发的《全面深化服务贸易创新发展试点总体方案》，数字人民币在京津冀、长三角、粤港澳大湾区及中西部具备条件的试点地区开展试点工作。想在银行开设数字人民币账户的公民，可以到银行相关网点办理业务。图 3-40 所示为一处数字人民币业务办理窗口。

图 3-40 数字人民币业务办理窗口

那么，数字人民币和我们平日使用的微信或者支付宝有着怎样的不同呢？图 3-41

所示为数字人民币与第三方支付软件最显著的差别。

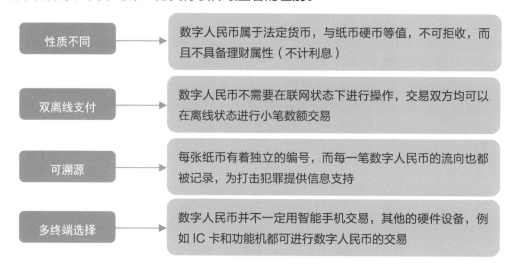

图 3-41　数字人民币与第三方支付软件最显著的差别

比起比特币等虚拟货币，数字货币则是由各国央行发行，是国家信用背书的法定货币，它对世界的影响也更加巨大。而数字货币可能造成的几种影响也是各国决策者需要考虑的，如图 3-42 所示。

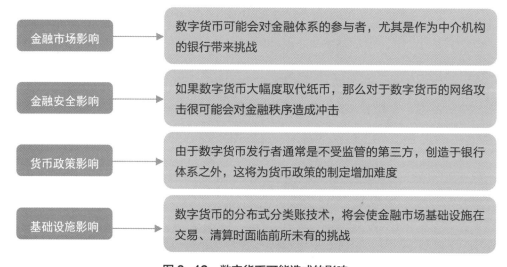

图 3-42　数字货币可能造成的影响

当然，数字货币的优势同样无可比拟，根据麦肯锡咨询公司（McKinsey & Company）的测算，区块链技术在跨境支付与结算业务的应用能够将每一笔跨国交易成本从 26 美元下降到 15 美元，也就是说，能够帮助交易方节省将近 40% 的交易成本；因省去第三方金融机构，可以实时到账的数字货币或许能提供给人们极大的便利。

3.5.2 CLOCK 代币的尝试

正如前文所言，因为货币、语言、系统等种种差异，跨境支付和转账过程极为烦琐复杂；而想要通过以太币、比特币等主流加密货币进行支付，又面临着难以保值的风险，而且这些虚拟货币每一笔交易都会留下可以查询的数据，用户无法彻底掩盖自己的私密信息，因此有些团队致力于研发保密性更高的加密货币，以用于完成更加私密的交易活动。

例如，基于英格玛（Enigma）交易系统开发的 CLOCK 代币就是其中一种。图 3-43 所示为英格玛交易系统的 3 个部分。

图 3-43 英格玛交易系统的 3 个部分

通过英格玛交易系统，CLOCK 代币无须和任何地址或者接收器绑定，当用户想要发送代币的时候，可以用一系列具有足够余额的节点掩护交易，这些节点生成的公共密钥会列出一个带有输入量和输出量的数据列表，在完成签名后，交易将会被放入区块。

因为交易双方是利用第三方节点来达成目的，因此也就无法追踪到交易双方的信息。除此之外，CLOCK 代币还有 3 个优点，如图 3-44 所示。

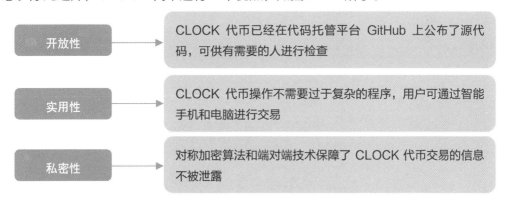

图 3-44 CLOCK 代币的 3 个优点

但 CLOCK 代币依然小众，而且因为其加密货币的特性依然受到种种局限，若想在主流市场发挥价值，还存在很大难度。

3.5.3 脸书"天秤座"计划为何失败

脸书开启的去中心化 Libra（天秤座）加密货币，一度打算将全球带入"加密货币支付时代"。图 3-45 所示为 Libra 加密货币商标。

图 3-45 "天秤座"加密货币商标

在 2019 年 6 月 18 号发布的"天秤座"加密货币白皮书中，脸书雄心勃勃地表示，会将 Libra 打造成一款全球性数字原生货币，预计全世界会有数十亿使用账户，天秤币将会拥有"低通胀""经融普惠""全球普遍接收""可互换"等众多优点，而天秤币系统将由脸书以及万事达卡、PayPal、优步等 20 多名合作伙伴一同参与运营。Libra 还会与波动性低的货币（例如美元和欧元）进行币价挂钩，以保障货币的稳定。

然而脸书的这一套"天秤座"加密货币系统却"未火先凉"，一出现就受到了各方干扰，如图 3-46 所示。

图 3-46 "天秤座"加密货币受到各方干扰

在一些国家抵制的同时，脸书的合作伙伴对于 Libra 系统也不乐观，2019 年 10 月，PayPal 宣布放弃参与 Libra 的项目研发。

Libra 会受到各国强烈反对，其实是一件意料之中的事情，因为它作为超越主权范围的加密货币存在，必然会对全世界的经济格局产生巨大冲击。图 3-47 所示为 Libra 可能造成的几个重大影响。

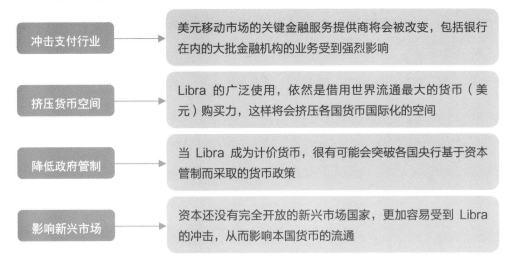

图 3-47　Libra 可能造成的几个重大影响

在美国的发布会上，脸书公司不得不就数字货币及数据隐私问题作出解释。2020 年 4 月份，脸书在发布的 Libra 2.0 版本时不再将 Libra 定义为"无国界的货币"，而是以"全球支付系统"取代，以免挑战各国货币主权。在 8 个月后，脸书又将 Libra 改名为 Diem，以强调该项目的独立性，获得监管部门批准。如今 Diem 的目标，是为了推出锚定美元的数字货币。

Libra 概念的提出和发展，是所有人都没有经历过的一件事情，因此世界各国对其小心再小心。数字时代来临之际，类似 Libra 的研发团队相信还不少，而这些货币只有在合法合规的框架下才能有序发展，从而避免出现市场混乱，同时降低不可控事件发生的概率。

第 4 章

研究价值，全面分析

未来的元宇宙已经有了美好的蓝图，当务之急是如何将元宇宙技术应用到人们的日常工作和生活中。本章将会从元宇宙的研究价值入手进行全面分析，探讨元宇宙的相关研究项目，以及元宇宙将会如何在现实中造福于人类。

4.1 元宇宙的互联网价值

手机有 2G、3G、4G、5G 的区分,其实互联网也是通过一代代的版本更新来完成升级的,而本节将会阐述从 20 世纪开始,互联网发展的 3 个版本,相信读者能从中找到元宇宙的价值。

4.1.1 第一代互联网与第二代互联网

第一代互联网(Web 1.0)时期,可以追溯到互联网刚普及的千禧年,它的 4 个特征十分明显,如图 4-1 所示。

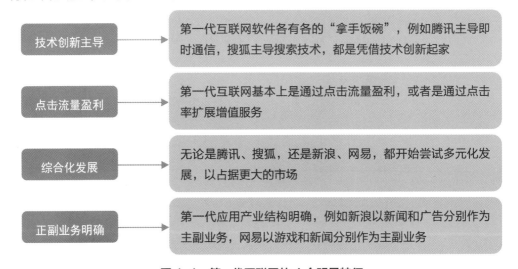

图 4-1 第一代互联网的 4 个明显特征

如果说早期互联网可以通过网络交换信息、获得知识,那么第一代互联网就已经可以通过知识的传输来获取商业上的盈利。大量互联网企业的诞生,使得第一代互联网内容迅速丰富起来。但是,相比较第二代互联网,Web 1.0 的主体依然是公司,缺乏用户参与。除此之外,大部分应用依然是网站对用户为主,少有专门的客户端,因此结构较为单一。但是 Web 1.0 彻底激发了人们对于这片虚拟世界的关注,因此第二代互联网也就很快诞生。

第二代互联网 Web 2.0 的概念,最早诞生于 2004 年互联网公司奥莱理(O'Reilly)举办的一场头脑风暴会议。奥莱理副总裁 Dale Dougherty 认为,互联网中源源不断出现的新程序和新网站有着某种惊人的规律性,这将会使互联网更加重要。它可以让互联网用户不再单纯地进行网上冲浪,而是成为"每个浪花"的制造者，也就是我们之前提到的去中心化。例如，维基百科（Wikipedia）就是第二代互联网中一个经典案例，如图4-2所示。

图4-2 维基百科

维基百科是目前全球网络中最大而且最受欢迎的参考工具书，拥有超过 5300 万个条目，它的内容并非是由个人或者团队编撰，而是由亿万网民自发参与并且共同维护修改的一个网络空间，任何人都可以对其中的词条进行编写或者修改。

基于第一代互联网，Web 2.0 也就有了如下 4 个特征，如图4-3所示。

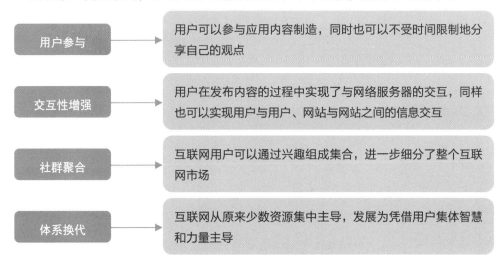

图4-3 Web 2.0 的 4 个特征

4.1.2 移动互联网的出现

互联网信息日渐丰富，PC（Personal Computer，个人计算机）已经难以满足人类文明发展的需求，因此移动互联网也就成为互联网世界发展的必然产物。作为移动通信和互联网相互融合的产品，它具备了这两种技术带来的 4 大优势，如图 4-4 所示。

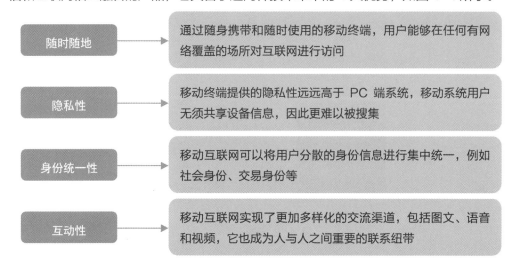

图 4-4　两种技术带来的 4 大优势

移动互联网的出现，颠覆了台式计算机形式存在的互联网联络结构，人们不再受空间和时间的限制，可以自由共享网络资源。智能手机行业的成熟，也让类似于触屏等感官性应用特征能够进入移动互联网的应用场景中。在移动终端的支持下，第二代互联网有了更好的体验，但是移动互联网同样有一定的缺陷，人们只能期待这些问题能够在第三代互联网中得到解决。图 4-5 所示为移动互联网的 3 个局限。

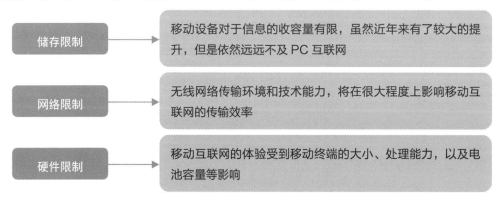

图 4-5　移动互联网的 3 个局限

4.1.3 第三代互联网

至今,关于第三代互联网(Web 3.0)究竟是什么,并没有一个非常明确的定义,但大多数人相信,Web 3.0 将会使互联网成为人们生活中无法替代的存在,更是有观点认为,Web 3.0 时代就是元宇宙时代,这种说法究竟站不站得住脚呢?

早在 2011 年,中国互联网协会副理事长便在"Adworld 2011 互动营销世界"大会上表达了自己对第三代互联网的看法。在他看来,Web 3.0 或许将会以感知网络为主,结合智能终端拓展人和人之间的交流,将其变为物对物或者物对人的方式。而云计算(cloud computing)同样会成为 Web 3.0 中重要的一环。图 4-6 所示为云计算概念图。

图 4-6 云计算概念图

美国行业研究机构 In-Stat 的调查报告指出:新的 Web 3.0 将会融合社区网站和网络游戏,形成互联网下一拨大潮流。按照 Web 3.0 的互动特征,网络推广将会迎来特有的 Web 3.0 网络营销模式。

听上去是不是十分熟悉?Web 3.0 中包含的技术和元宇宙中所需要的内容几乎完全一致,这也是扎克伯格为何坚定认为元宇宙将会成为移动互联网继任者的重要原因。

4.2 元宇宙的营销价值

2010 年 5 月 22 日,美国程序员拉斯勒·豪涅茨(Laszlo Hanyecz)在论坛上公开售卖 10000 枚比特币,要价 50 美元,然而却无人问津。最终,豪涅茨只好同意一名用户用价值 25 美元的比萨兑换券换取了这 10000 枚比特币,这也是比特币历史上的第一笔交易。然而双方万万没想到的是，仅仅到了第二年，这 10000 枚比特币已经飞涨到了 27 万美元，如今 12 年过去了，它的身价已经突破千万。

由此可见，把握住营销的机会，也就取得了财富的密码，而本节内容将会从多个角度简单分析元宇宙的营销价值。

4.2.1 在元宇宙中播放广告

美国营销协会定义委员会（The Committee on Definitions of the American Marketing Association）对广告的定义是"广告是由可确认的广告主，对其观念、商品或服务所作之任何方式付款的非人员式的陈述与推广"，而商业机遇遍地的元宇宙空间，显然是广告领域的前沿阵地。

例如，2022 年 3 月，洛杉矶的市场营销公司宣布，将会推出 LookinMETA 平台作为元宇宙的新阵地，以用于为客户提供新兴的技术工具和服务。图 4-7 所示为 LookinMETA 平台。

图 4-7 LookinMETA 平台

在 LookinLA 首席执行官 Ali Payani 看来，LookinMETA 将会成为广告营销的元宇宙阵地，以帮助客户将业务和运营扩展到虚拟世界。元宇宙中推行的广告，也可以分为 3 种类型，如图 4-8 所示。

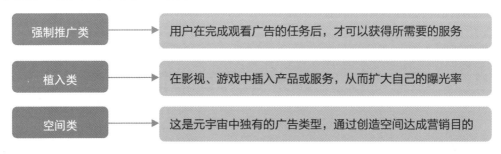

图 4-8 元宇宙广告的 3 种类型

上述 3 种类型里，强制推广类广告和植入类广告在传统广告界已经得到了广泛的应用，但是这种类型的广告很容易破坏用户体验，或者达不到预期效果。而在元宇宙中，空间类广告却能更好地让用户感悟广告创意以及其内涵和文化。

在以太坊的虚拟平台 Cryptovoxel 上，已经有一家企业捷足先登做起了广告生意，这就是 Metaverse Billboards 广告公司。Metaverse Billboards 一共在 Cryptovoxel 平台中购置了 140 块虚拟土地，并在上面设置广告牌位吸引投资。图 4-9 所示为 Metaverse Billboards 虚拟空间。

图 4-9　Metaverse Billboards 虚拟空间

现如今，一个 Metaverse Billboards 广告牌 7 天的租用费用为一枚以太币（2500 美元），客户可以将自己的一张图片或者一段视频挂在其广告牌上。

4.2.2　把商品卖到元宇宙

2021 年 5 月，游戏平台罗布乐思宣布，将会和世界著名时尚品牌古驰（GUCCI）进行合作，推出"古驰品牌虚拟展览"，展览将会在虚拟世界中的一处"艺术花园"举行，玩家将会操纵类似于模特的数字化身走进这一处空间，并进行参观和欣赏产品。图 4-10 所示为古驰展览中的"艺术花园"。

消费者不仅可以在展览上看到各种标签为古驰的奢侈品，还可以花钱购买古驰的服装和配件，这些均可穿戴于虚拟化人物身上。例如，一款较为稀有的古驰包，甚至能够以 4115 美元的价格卖出，尽管在现实生活它并没有任何用处。

而更多的企业致力于让消费者在元宇宙中购买现实的货物。例如，淘宝旗下的天猫商城就在 2021 年电商大促期间推出了一款"3D 天猫家装城"项目，这能够让天猫旗下的家居建材商家通过阿里巴巴集团研发的 3D 设计工具进行建模，以方便消费者在 360 度无死角的购物空间里面，如亲临实地一般查看商品的款式和搭配效果。图 4-11 所示为一处"3D 天猫家装城"虚拟空间。

图 4-10 古驰展览中的"艺术花园"

图 4-11 "3D 天猫家装城"虚拟空间

"3D 天猫家装城"项目上线之后,已经有 3000 多个家装品牌发布了超过 20 万套 3D 购物空间,并且建模了超过 7 万件商品。这也意味着过去客户在网上购物难以见到实景的问题得到了比较妥善的解决。

4.2.3 在元宇宙里卖起地产

元宇宙概念流行伊始,一些公司就急不可耐地提出了进军房地产的概念,例如,前文提到的 Metaverse Billboards 就一口气买下上百块土地。

这似乎有些让人难以想象。现实中的房产如此昂贵,乃至远超其他商品,是因为它本身就是一项刚性需求,那么元宇宙里面的土地又拥有什么价值呢?

2021 年 12 月 2 日,来自加勒比群岛的巴巴多斯,就开创了人类文明历史:巴巴多斯外交部和外贸部与目前世界最大数字平台之一的 Decentraland 公司签署了一份协议,巴巴多斯将会在数字空间中设置大使馆,成为世界上首个在元宇宙世界里设置外交机构的主权国家。图 4-12 所示为 Decentraland 公司所提供的虚拟数字世界。

图 4-12　Decentraland 公司所提供的虚拟数字世界

为了让元宇宙大使馆能够"有法可循",巴巴多斯甚至还聘请了法律顾问,以便让元宇宙大使馆尽可能地符合《维也纳外交关系公约》。

元宇宙大使馆的成立,为这片土地赋予了政治意义。在大部分初级阶段的元宇宙平台上,无论是社交、娱乐,还是游戏和办公场景,都无法离开土地资源和土地资产,土地将会是人们在元宇宙进行沉浸式体验的基础。因此,不少投资公司都将目光瞄准了元宇宙地产之上。

例如,2021 年 6 月,就有投资者以 960 万人民币的价格在游戏 *Axie Infinity* 中买下了 9 块虚拟土地。2021 年 8 月 26 日,*The Sandbox* 游戏平台进行元宇宙土地拍卖,第一批面积为"12×12"的元宇宙土地最终以 221.44 万元的价格被收藏者买走。图 4-13 所示为 *The Sandbox* 游戏中的虚拟世界。

图 4-13　*The Sandbox* 游戏中的虚拟世界

而围绕土地的经济系统也正在迅速建立,例如,Boson Protocol 投资公司就计划用 450 万人民币买来的土地搭建一个数字艺术品商场。另外一家数字地产投资公司 Metaverse Property 还打算为客户提供额外的增值服务，如图 4-14 所示。

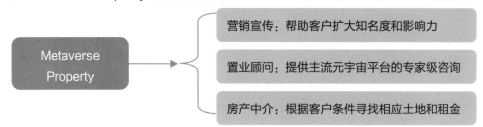

图 4-14　Metaverse Property 为客户提供的增值服务

此外，稀缺性也成为决定元宇宙土地价值的因素。例如，元宇宙平台 Somnium Space 共包含 5000 块元宇宙土地，并没有开发计划。而另外一处平台 Cryptovoxels 拥有土地 6500 块，每个月的土地开发量不超过 200 块，供给量远远低于需求，导致元宇宙土地价格高涨。

4.3　元宇宙的金融价值

上一章所提到的"天秤座"虚拟货币系统和厄瓜多尔数字货币的失败，都证明了金融业的发展在元宇宙中并非一帆风顺，遇到了各种门槛与限制，但是元宇宙所蕴藏的金融价值依然潜力巨大。

4.3.1　想要融入元宇宙的银行业

银行作为商品货币经济发展到一定阶段诞生的产物，在近代以来发挥着重要作用。图 4-15 所示为银行的几个主要盈利渠道。

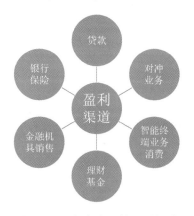

图 4-15　银行主要的盈利渠道

对于银行来说，元宇宙的到来既是一种挑战，同样也是一种机遇。2019 年，中国浦发银行就推出了国内首款数字员工"小浦"，如图 4-16 所示。

图 4-16　浦发银行数字员工"小浦"

"小浦"所蕴含的 AI 人工智能技术可以优化银行的远程服务，极大地缩短了银行的人力成本，并且提高了工作效率。以 2020 年上半年为例，类似于"小浦"这样的人工智能机器人一共服务了 3000 万银行客户，占据了高峰期客户服务比例的 96%以上。

世界著名银行摩根（J. P. Morgan）是世界上第一家在元宇宙虚拟世界开设站点的银行。图 4-17 所示为摩根银行在虚拟世界中的店铺。

图 4-17　摩根银行在虚拟世界中的店铺

这块土地位于 Decentraland 平台的 Metajuku 购物中心，整个虚拟平台按照东京原宿购物区的风格打造。而摩根大通在此基础上建造了一间名为 Onyx 的休息室，用户对 Onyx 进行访问时，会发现休息室入口有一只老虎，里面则挂有摩根大通首席执行官杰米·戴蒙（Jamie Dimon）本人的肖像。

实际上，Onyx 正是摩根大通在 2020 年成立的区块链部门。成立之初，Onyx 就发布了一篇市场预测，认为元宇宙在将来会以各种方式渗透到各行各业，并且创造年收入一万亿美元的市场机会，而 Onyx 致力于搭上这辆便车，其主要业务便是向客户提供区块链和支付技术等基础设施。

广阔的元宇宙也可以为银行提供 4 个相对应的发展方向，如图 4-18 所示。

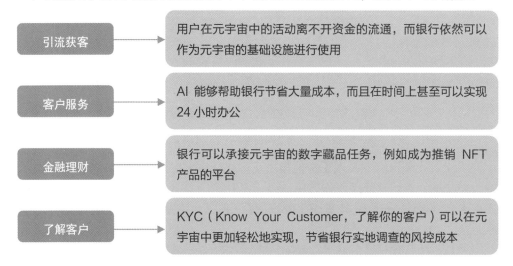

图 4-18　银行的 4 个发展方向

客户可以通过在元宇宙银行开设虚拟账户来生成现实之中的账户，如图 4-19 所示。

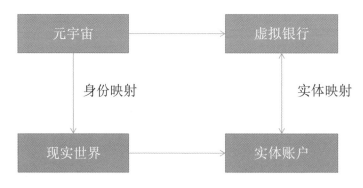

图 4-19　通过元宇宙银行开设虚拟账户

纽约手机银行创业公司 Moven 首席执行官 Brett King 曾有一句比较经典的话："Banking Everywhere, Never at a bank."大意为，银行无处不在，银行无处可见。因此可以预见，未来的银行或许会变得更加多元，并与元宇宙紧紧绑定在一起。

4.3.2 百家争鸣的虚拟货币

虚拟货币的出现要早于元宇宙，如《第二人生》的林登币、盛大公司的游戏点券，从 2013 年开始流行的比特币、莱特币、夸克币等。对于这些虚拟货币归类，人们看法各不一样，有 3 种主要观点，如图 4-20 所示。

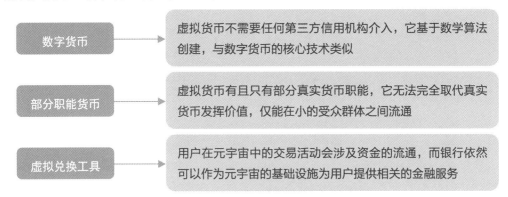

图 4-20　对虚拟货币归类的 3 种观点

以国内互联网巨头腾讯举例，发售虚拟货币 Q 币是其主要收入来源之一。早在 2002 年 2 月，腾讯公司就开发了虚拟货币系统，用户可以在各个站点购买充值卡进行 Q 币充值，从而换取腾讯网站提供的一系列服务。图 4-21 所示为腾讯公司推出的 Q 币充值卡。

图 4-21　腾讯公司推出的 Q 币充值卡

随着时间的推移，充值 Q 币越来越便捷，如购买充值卡、电话充值，再到后来的手机充值卡、银行卡充值、网络充值等。而 Q 币所提供的功能更加多样化，如图 4-22 所示。

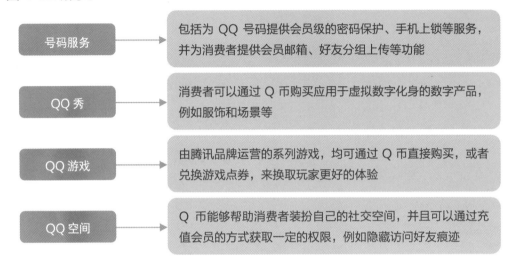

图 4-22　多种多样的 Q 币功能

尽管 Q 币发行量巨大，而且因为是中心化虚拟币种的代码，从理论上来看是无限多的，但是其运营范围仍然局限在腾讯框架之内的虚拟产品。

而不少企业却有将虚拟货币打造成一种"企业文化"的想法。例如，美国公司星巴克（Starbucks）就专门投资了一个名为 Bakkt 的公司，用户可以通过使用 Bakkt 旗下的 Bakkt Cash 电子钱包付款，或者是在星巴克推出的"星享卡"上进行充值。但是，Bakkt 并非星巴克旗下的附属产品，而是单独的加密公司，同时开展其他业务，并于 2021 年在纽约上市。图 4-23 所示为 Bakkt 钱包。

图 4-23　Bakkt 钱包

在未来，星巴克很有可能利用虚拟货币支付开启理财、贷款等多项金融业务，其基础是它广阔分布的市场。图 4-24 所示为星巴克开店最多国家的前几位。

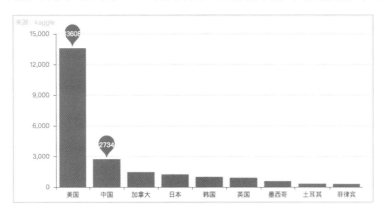

图 4-24　星巴克开店最多国家的前几位（数据来源：kaggle）

如今，星巴克已经覆盖了 82 个市场，开设了 3.2 万家门店，这将为它的商业扩展提供极大的便利。

再如，罗布乐思游戏平台所创造的 R 币（Robux），不仅能在虚拟世界中使用，还可以通过美元进行套现。罗布乐思平台中的游戏，很多要通过 R 币购买。图 4-25 为罗布乐思平台上最火的几款游戏。

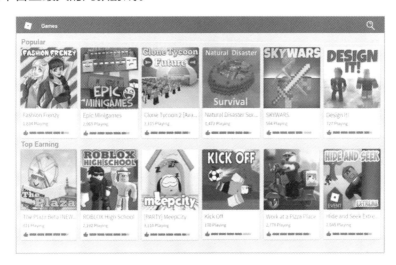

图 4-25　罗布乐思平台上最火的几款游戏

罗布乐思平台可以进行 3 个等级的会员充值，35 元人民币的会员一个月可获得 450R 币，70 元人民币会员可以获得 1000R 币，140 元人民币可获得 2200R 币。罗布乐思的用户同样是游戏的创作者，也可以获得分成和收入。例如，在 2020 年罗布乐思营销榜单上,高收入的用户人均获益 10 万美元。

当前困扰罗布乐思的一点在于,大部分消费人群依然是青少年,尚不具备强大的消费能力,但是随着时间的增长,以及罗布乐思对粉丝的吸引能力,这一问题或许不再是阻碍。而罗布乐思通过 R 币营收,累计收入已经超过了 10 亿美元,这场不限年龄和地域的大规模经济活动,正在罗布乐思平台上轰轰烈烈地上演。

4.3.3 DeFi 掀起的金融革命

DeFi 即去中心化金融(Decentralized Finance)的缩写,它是一项以数字货币作为主体的金融业务。图 4-26 所示为去中心化金融与相关概念的关系图。

图 4-26 去中心化金融与相关概念的关系图

尽管 DeFi 只是数字货币之中一个非常细小的分支,但却成为虚拟币圈的头号热门业务。它抛弃了以往的中心化金融运作常态,而是凭借区块链公开透明和不可篡改的属性,以代码的形式锁定金融行为。图 4-27 所示为 DeFi 的 3 种关键核心技术。

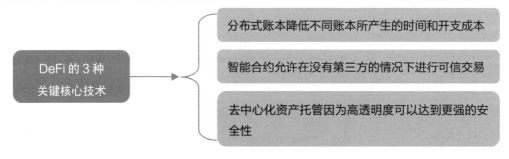

图 4-27 DeFi 的 3 种关键核心技术

那么 DeFi 能够完成哪些事情呢？

第一个就是无中介借贷。打个通俗的比方，当客户将 100 块钱存入第三方金融机构，到了年底连本带利共获 120 元。而如果有人去第三方金融机构贷款 100 元，限期一年，归还时加上利息一共要还 140 元，相差的 20 块钱正是第三方金融机构赚取的"中介费"。但是，凭借 DeFi 建立智能合约，那么代码将会取代中介的职能，在合约框架之内完成物品抵押或者利息提取的过程。

第二个是可以编程的金融衍生品。现如今大部分金融衍生品基本上都是由中心化金融机构所提供，例如债券、期权、银行承汇券。图 4-28 所示为某公司发行的债券。

图 4-28　某公司发行的债券

中心化金融机构发行金融衍生品需要付出巨大的成本，而 DeFi 使用代码生产金融延伸品，可以极大缩短发行时间，同时也免去了中心化机构实体业务的成本。

第三个便是自动化流程金融，大部分物流公司往往会雇用外包公司进行收单，然后在财务上进行分成。图 4-29 所示为一家物流公司的包裹分拣线。

图 4-29　一家物流公司的包裹分拣线

虽然如今大部分物流公司开始用自动化设备进行操作，但是出于信任问题，很难将业务交给第三方机构去处理。自动化流程金融可以帮助物流公司按照规则将收入分配到不同的外包账户，同时进行其他的财物分配和归集。

第四个，便是最热门的无托管交易系统。想要完成一笔交易，"一手交钱，一手交货"显然是最好的选择，可是大部分交易必须先将资产和资金托管到第三方，这样交易数额越大的时候，其风险性也会越高，尤其是在 OTC（Over-The-Counter，场外交易市场）进行交易时，还需要支付托管机构一部分托管费用。图 4-30 所示为一处场外交易市场。

图 4-30　场外交易市场

DeFi 通过智能合约和分布式密钥控制管理系统，可以轻松安全地完成大笔交易，例如股票交易和房产交易等，无须担心资产或者数据泄露，而且可以减少交易成本。

在拥有极强便利性的同时，DeFi 同样也带来了 4 种挑战，如图 4-31 所示。

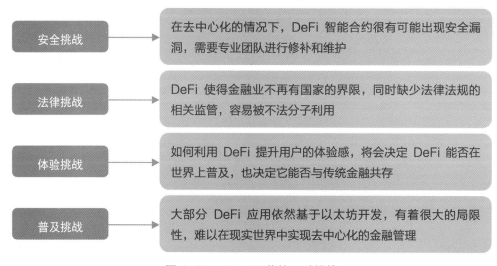

图 4-31　DeFi 面临的 4 种挑战

不过也无须担心,科技进步和秩序完善之后,这 4 种挑战也能够被轻松化解。截至 2021 年 9 月,DeFi 市场正在蓬勃发展,总锁仓量从第一年 90 亿美元增长到第二年的 1102 亿美元。图 4-32 所示为以太坊上的 DeFi 应用。

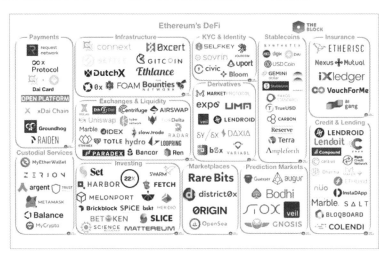

图 4-32　以太坊上的 DeFi 应用

不同 DeFi 应用提供的服务也多种多样,图 4-33 所示为以太坊上的 DeFi 应用功能。

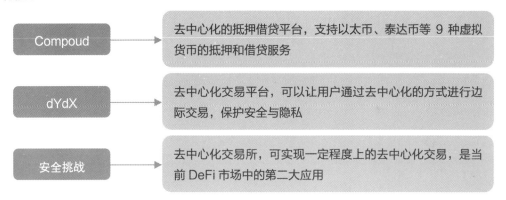

图 4-33　以太坊上的 DeFi 应用功能

众多应用的诞生,足以说明 DeFi 的广阔前景,也期待着它在未来元宇宙世界中发光散热。

第 5 章

行业分析，市场状况

如今，很多行业都在争抢元宇宙这块巨大的肥肉，然而它在不同领域的进展是怎样的？又出现了什么问题呢？本章将详细探讨元宇宙的行业前景与价值，并对一些可能或者已经出现的问题展开分析。

5.1 不同行业在元宇宙里的新机遇

元宇宙将无比真实地覆盖整个世界，也就意味着所有的行业在元宇宙里都会有用武之地，在互联网企业蓬勃发展之后，它们是否也能更进一步呢？

5.1.1 大流行下的现实世界

大流行（新冠肺炎）对世界经济产生了重大冲击，根据经济学人智库（Economist Intelligence Unit）学者预测，全球市场依然会保持大幅度波动；圣路易斯华盛顿大学专家认为，大流行将会对全球供应链造成超过 3000 亿美元的影响，这种影响将至少持续两年。以大流行刚刚开始的 2020 年举例，不少国家的 GDP 已经开始出现负增长。图 5-1 所示为德国历年 GDP。

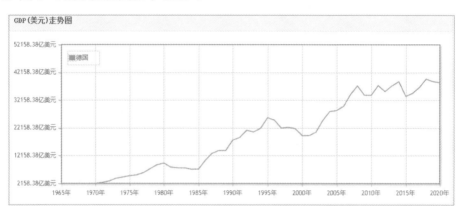

图 5-1 德国历年 GDP（数据来源：快易数据）

相比之下，2020 年法国第二季度经济增速下降了 19%，创造了第二次世界大战以来的最大跌幅；受到法德两国的影响，欧元区 GDP 同比萎缩 15%。同一时期的美国，失业人数迅速增加，几乎是 1982 年失业高峰的 5 倍。在如此恶劣的经济环境下，电子商务、快递外卖、线上教育办公等业务，却迅速流行起来。

5.1.2 传统农业下的发展机遇

生产力的不断提高，让第一产业的增加值和就业人数在世界各国的占比不断下降，但它依然是世界经济中最重要的一环，以传统农业为基础的第一产业正在不断与元宇宙展开对话。

早在 2015 年，美国麦当劳公司就在英国推出了一款名为 *Follow our Foodsteps*

的虚拟现实内容作品，麦当劳公司通过 VR 设备模拟农场主一天的日常生活，向体验者介绍他们餐桌上的食物是如何耕种的。图 5-2 所示为 *Follow our Foodsteps* 的 VR 画面。

图 5-2　*Follow our Foodsteps* 的 VR 画面

玩家在感受农场美好的同时，甚至可以进行多种小游戏，比如开着拖拉机收割土豆，并尽量让作物堆满收集箱。

2021 年 12 月 20 日，在广东省农业农村厅的指导下，南方农村报推出了农业虚拟人物"小柑妹"，并建立了国内首个虚拟果园体验交易基地。用户可以在虚拟果园认领一棵来自德庆的贡柑果树，并让"小柑妹"代替用户完成浇水、施肥以及观察监测等任务。图 5-3 所示为"小柑妹"虚拟人物形象。高度接地气的"小柑妹"吸引了公众目光，也打响了德庆贡柑的品牌知名度。

图 5-3　"小柑妹"虚拟人物形象

除了对外宣传，元宇宙甚至能为农业生产提供一个庞大的实验平台，例如，北京欧贝尔公司就开发了一款 3D 水稻杂交育种虚拟软件，如图 5-4 所示。

图 5-4　北京欧贝尔 3D 水稻杂交育种虚拟软件

这款软件采用虚拟现实技术搭建模型，完整地重现了水稻杂交过程。如今，这款虚拟软件已经作为农学学科教育信息化建设项目被多所高校选用，为农学相关专业的学生提供了一个基础实验的模拟操作平台。

通过对水稻田虚拟实验场景进行建模，还能够为插秧机自动驾驶等技术提供重要数据，极大地提高了生产效率。

从以上几个案例来看，元宇宙可以为传统农业带来 3 个重要应用场景，如图 5-5 所示。

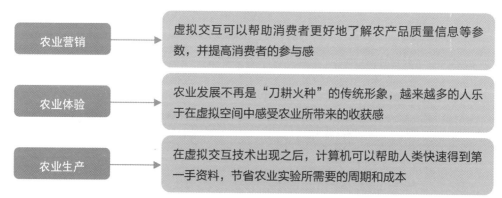

图 5-5　元宇宙为传统农业带来的 3 个重要应用场景

由此可见，传统农业与最新的高科技事物之间不但没有隔阂，反而会因为技术变革更加紧密地联系在一起。"农业＋元宇宙"的经营模式,也是十分值得期待的。

5.1.3 机械制造业的发展机遇

2021 年 9 月,英国布里斯托机器人实验室与中国创泽智能机器人集团联合设计开发了第一个元宇宙机器人系统。图 5-6 所示为创泽生产的智能机器人产品。

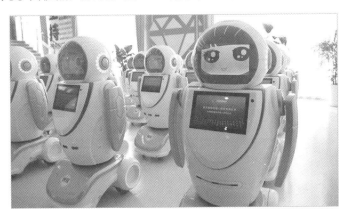

图 5-6 创泽生产的智能机器人产品

根据元宇宙机器人的项目负责人,来自布里斯托机器人实验室的 Charlie Yang 介绍,这款机器人结合了数字孪生、大数据、云计算等几项最新型的技术。通过这些技术,元宇宙机器人便可以与现实中的真实设备进行连接,并同时接收操纵者所发出的命令。

Meta 公司同样致力于研究在元宇宙中使用的更加精密的设备,2022 年 1 月,Meta 就申请了一款名为"机械仿生眼 Two-axis rotatable mechanical eyeball"的专利。图 5-7 所示为"机械仿生眼"的示意图。

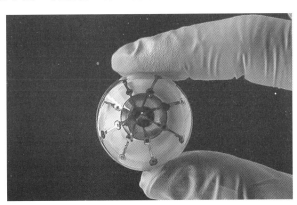

图 5-7 Meta"机械仿生眼"的使用示意图

这项仿生眼设计，会模仿人类眼镜的视网膜、角膜等组织，并配备有专门的传感器，它所包含的眼动追踪技术，将来还可以应用到一系列 VR 场景中，比如大火的 VR 游戏《节奏光剑》，图 5-8 所示。

图 5-8 眼动追踪技术可运用到的 VR 场景

仿生眼问世之后，人们关于它的猜想不断，有人认为 Meta 要借此打造 MetaHumans（元人类），也就是更加智能的机器人；还有人认为这项眼动追踪技术将用于构建脸书系统的 AR 或者 VR 应用程序，以增加元宇宙的用户体验。

5.1.4 能源产业的发展机遇

世界经济论坛（World Economic Forum）曾在 2017 年进行了一项专门针对采矿业经理人的调查。调查表明，有 82%的经理人计划在 3 年内对自动化技术进行大量投资，还有 28%的人打算进行重大投资。这份报告估计，到 2025 年，全球数字化矿业将会创造价值 1900 亿美元的影响力。

提到矿业数字化，就离不开 RPA（Robotic Process Automation，机器人流程自动化）技术的发展。图 5-9 所示为 RPA 技术的 3 层内涵。

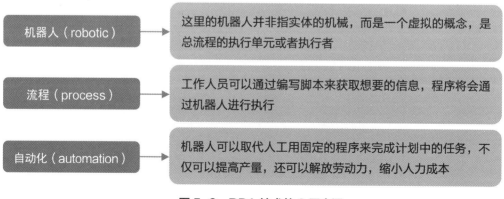

图 5-9 RPA 技术的 3 层内涵

RPA 技术在煤矿业的广泛运用极大提高了煤矿产业的生产效率。图 5-10 所示为某煤矿正在使用自动化设备进行开采。

图 5-10 自动化煤矿开采设备

虽然 RPA 技术为能源产业带来了革命性的突破,但是当前的数字化煤矿业依然有 5 个需求亟待解决,如图 5-11 所示。

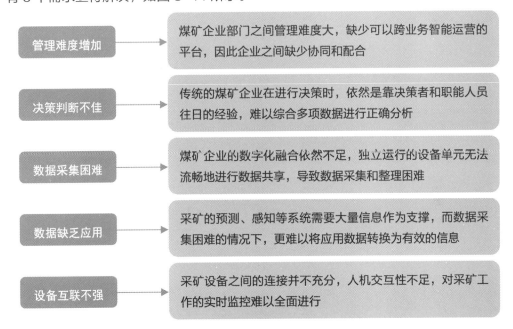

管理难度增加	煤矿企业部门之间管理难度大,缺少可以跨业务智能运营的平台,因此企业之间缺少协同和配合
决策判断不佳	传统的煤矿企业在进行决策时,依然是靠决策者和职能人员往日的经验,难以综合多项数据进行正确分析
数据采集困难	煤矿企业的数字化融合依然不足,独立运行的设备单元无法流畅地进行数据共享,导致数据采集和整理困难
数据缺乏应用	采矿的预测、感知等系统需要大量信息作为支撑,而数据采集困难的情况下,更难以将应用数据转换为有效的信息
设备互联不强	采矿设备之间的连接并不充分,人机交互性不足,对采矿工作的实时监控难以全面进行

图 5-11 当前数字化煤矿业的 5 个需求

针对这些不足,煤矿业提出了新的"智慧矿山"系统,即基于地理信息、人工智能、物联网等感知技术,对环境态势、设备运营情况、生产进度等信息进行实时监测,并对异常情况及时发出警告。"智慧矿山"最核心的内容是基于矿山物理空间与数字孪生技术所构建的虚拟空间数字孪生体,如图 5-12 所示。

图 5-12　基于矿山物理空间与数字孪生技术构建的虚拟空间数字孪生体

在未来的元宇宙世界,RPA 技术会用虚拟机器人取代人类进行不太复杂的基本工作,成为元宇宙中最普遍的数字劳动力。

当时间来到 2022 年 1 月,中国广东民营石油企业冠德宣布进军元宇宙,并推出了元宇宙中第一款石油产品"元油站"。图 5-13 所示为元宇宙中的"元油站"产品。

图 5-13　元宇宙中的"元油站"

从冠德石油的理念来看,"元油站"将会打破物理空间的局限,不再是某家油企的专属,而是每一名客户都可以拥有的资产。

消费者可以通过在现实世界中加油或者邀请好友等方式,在虚拟"元油站"中获得"元油币"以换取一定的奖励,例如加油优惠等。

5.2 元宇宙发展面临的系列问题

每一件新生事物都不可能一帆风顺地成长,元宇宙亦是如此,在刚起步的这几年,元宇宙领域已经有了众多突破,然而同样暴露出了不小的短板和问题,这将会成为元宇宙变现的重要阻碍。本节将对元宇宙发展面临的系列问题进行探讨。

5.2.1 元宇宙或将引发能源危机

1946 年,当美国宾夕法尼亚大学设计出第一台电子计算机时,人们都被其先进的技术所震惊,可如今的角度来看,这台计算机却十分笨重,占地面积足足达到了 150 平方米,需要一个大型机房才能放置下重达 30 吨的机箱。图 5-14 所示为早期电子计算机模型。

图 5-14 早期电子计算机模型

这台电子计算机的耗电功率更是达到了 150 千瓦,计算机运行时直接导致周边部分街区停电。

能源企业在元宇宙中不断进军时,我们同样不能忽视一点:能源产业本身能为元宇宙提供多少动力呢?支撑起元宇宙的核心技术想要完整地发挥功能,都需要大量能源作为支撑。

2021年5月，特斯拉首席执行官马斯克突然在社交平台上宣布，鉴于比特币对全球能源所造成的影响，决定让特斯拉公司暂停使用比特币购买汽车的业务。马斯克宣布此消息后，直接导致了比特币的暴跌，单价从此前最高的6.4万美元下跌到4.9万美元。

马斯克的担心并非空穴来风，根据剑桥大学替代金融中心研究报告数据，截至2021年5月11日，全球制造比特币的年耗电量已经达到了121.36太瓦，这个数字超过了马来西亚和瑞典的耗电之和，已经接近耗电量排名第25的越南。图5-15所示为近年来比特币消耗电量曲线图（单位：亿千瓦时）。

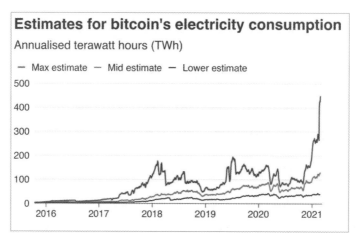

图5-15　近年来比特币消耗电量曲线图（数据来源：剑桥大学替代金融中心）

对电能的消耗进一步加快了化石燃料的使用，部分专家提出，将来比特币可能会成为全球升温的重要因素之一。Nature Climate Change（《自然气候变化》）中的一篇文章认为，比特币的生产导致了6900万吨二氧化碳的排放，可以在20年内让气温升高两度。

比特币的开采被人们俗称为"挖矿"，开采比特币的计算机也就被称为矿机。为什么比特币会消耗如此大的电量呢？这与它的工作原理有着重大关系。由于比特币本质就是一个去中心化的分布式账本，谁掌握记账权谁就是新的主人。

比特币发明者中本聪决定，采取计算数学题的方法争夺记账权。谁能计算出一组随机哈希函数，就拥有一次记账权。对于随机哈希函数的计算，并没有任何学术意义，只不过是一个工作量的证明；更不存在什么取巧的办法，只能够采取最基础的算法——枚举法。图5-16所示为哈希算法的一般结构。

如果将比特币开采打个更加通俗的比方，就好比每个人手中有一个1000面的骰子，谁先抛出50以下的数字就可以获得胜利。谁的计算机计算能力越强，抛骰子速度越快，谁就越有可能赢得胜利。但是，随着参与的人越来越多，导致胜利条件愈发苛刻，如今只有抛出 10 以下的数字，或者是一个单独的 1，才能成为最后的胜利者。

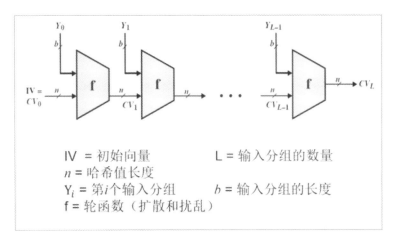

图 5-16 哈希算法的一般结构

计算机的竞争也就愈发激烈，最早普通人在家中就可以完成比特币的挖掘，然而随着比特币价值的提升，专门为挖掘比特币而量身定制的集成电路设备随之诞生，例如 FPGA（Field Programmable Gate Array，现场可编程逻辑门阵列）矿机、ASIC（Application Specific Integrated Circuit，专用集成电路）矿机等，消耗的电力也就随之猛增。图 5-17 所示为一处正在工作的比特币矿机。

图 5-17 一处正在工作的比特币矿机

因此，不少投资者都将目光瞄准了电力更加廉价的国家和地区，但在这些地方进行比特币的生产,给世界碳排放和电力供应造成了严重挑战。未来,基于区块链技术的数字货币是元宇宙发展必不可少的一环,因此元宇宙想要真正发展,还得从能源的供应上多做文章。

5.2.2 元宇宙面临的法律问题

1966 年 12 月 19 日,联合国大会通过了《外层空间条约》(*Outer Space Treaty*),并宣布其具备永久有效期,因此《外层空间条约》又被称为"空间宪法",弥补了人类史上太空法规的相关空白,如图 5-18 所示。

图 5-18 空间宪法

《外层空间条约》所颁布的背景,是在人类第一个航天器诞生 11 年之后,此时正值冷战,美苏两国均把自己的载人飞船送到了外太空,因此急需制定一套符合全人类共同利益的太空法规。同样是一个全新的领域,如今刚起步的元宇宙,也面临着规章制度的挑战。

元宇宙的规则包含技术规则和社会规则两个层面,技术规则支撑起了整个元宇宙体系,而社会规则将规范人们在元宇宙中的行为。

制定规则的主体往往是世界各个主权国家或者国际组织,然而对于元宇宙规则,提供元宇宙平台的科技公司会对规则的制定产生重要影响。到底该如何划分制法者和执法者的权力,又如何保障元宇宙世界中来自不同地区人们的权益,将会成为一个十分难以回答的问题。

2021 年 12 月 16 日,一名叫 Parmy Olson 的女士在社交媒体上声称,她在体验脸书公司旗下 VR 平台产品 Horizon Venue 时,受到了其他玩家的骚扰。Parmy Olson 表示,由于自己的身份是女性玩家,因此在登录平台之后,立刻被几名男性玩家所包围,并开始围绕着她进行拍照,这让 Parmy Olson 感到十分不快。图 5-19 所示为 Horizon Venue 产品。

图 5-19 Horizon Venue 产品

Horizon Venue 可以捕捉体验者上半身的动作并反映到虚拟现实之中，清楚地展示性别特征形象，可以让用户有着很强的体验感。但对于受到冒犯者而言，这并不是一件有趣的事情。社交初创报公司 Pluto 的调查表明，有近 50% 的女性 VR 玩家至少遭受过一次以上的骚扰。

面对类似的投诉，社交和游戏平台显得有些无能为力。2022 年 2 月，脸书不得不宣布，将会在 Horizon Venue 中启用"个人结界（Personal Boundary）"功能，玩家与玩家之间将会存在一定的立场，确保彼此之间保持一定的距离，从而防止骚扰事件的发生，如图 5-20 所示。

图 5-20 Horizon Venue 中的"个人结界"功能

Horizon Venue 发生的事故，引发了人们对元宇宙世界中责任主体的思考。元宇宙中的虚拟化身依然是现实世界中个人意志的反馈,但是每个人在元宇宙中的虚拟化身并不只有一个,而且元宇宙具备一定的独立性,很难用现实法律框架去约束元宇宙玩家的行为,同时也缺少监管的手段和措施。

元宇宙的参与者,不只有人类,同时也包括了元宇宙最早的原住民——人工智能,如图 5-21 所示。

图 5-21　人工智能概念图

当人工智能或者是其他元宇宙虚拟机器人被卷入犯罪案件时,应如何确定责任主体?这为元宇宙规则的制定提出了难题。

2022 年 2 月 1 日,推特用户@larrylawliet.eth 在社交媒体上公开发文求助,声称自己的 NFT 藏品(价值约为 270 万美元)被黑客窃取。图 5-22 所示为部分被盗窃的藏品。

图 5-22　被盗窃的部分 NFT 藏品

这是目前发生在元宇宙世界中数额最大的偷窃案，根据透明可查的系统显示，黑客在偷走藏品之后，立刻以 100 枚以太币（约 27 万美元）左右的低价进行转卖，以便及时脱手。虽然 NFT 在线交易平台很快封锁了部分 NFT 作品，但黑客已经把以太币提取到自己的 Tornado Cash 账户。

这起盗窃事故的起因也很简单：当事人不小心点击了某款去中心化数字金融应用的链接，但它却是黑客精心设计的圈套，该链接直接通向黑客的电子钱包。

世界各国对于虚拟财产的定义各不相同，倘若以现实中的价值来定位虚拟产品的价值，同样会有较大争议，更何况类似的案件调查范围会扩展到整个世界，提高了追踪办案的难度。

综合上述这些案例，元宇宙目前所面临的法律问题，只能寄希望于未来法律法规的完善，并从 3 大方面进行解决，如图 5-23 所示。

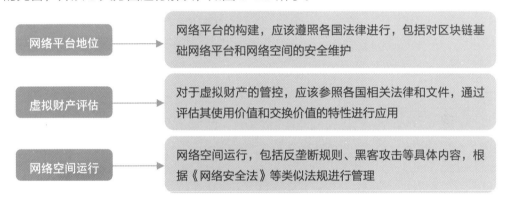

图 5-23　元宇宙法 3 个大类法律问题的解决办法

5.3　值得反思的元宇宙案例

元宇宙的打开方式有成百上千，当世界各大企业对元宇宙进行探索和投资时，同样也有一些案例值得反思。本节将会介绍一些先行者的故事，并与读者一起思考其中的不足之处。

5.3.1　不被公众买单的谷歌眼镜

2012 年 11 月，美国著名杂志《时代周刊》（Time）进行"2012 年最佳发明"评选，而谷歌旗下产品谷歌眼镜（Google Project Glass）脱颖而出，成为获得此称号的 25 款产品之一。

根据杂志介绍，这款在 2012 年 4 月发行的谷歌眼镜，拥有声控拍照、视频通话、上网冲浪和接收电子邮件等多种功能。图 5-24 所示为谷歌公司推出的谷歌眼镜。

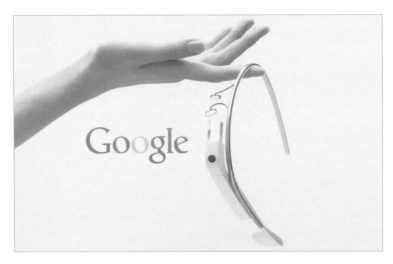

图 5-24 谷歌公司推出的谷歌眼镜

初始版本的谷歌眼镜，其主要结构包含下述 5 种装置，如图 5-25 所示。

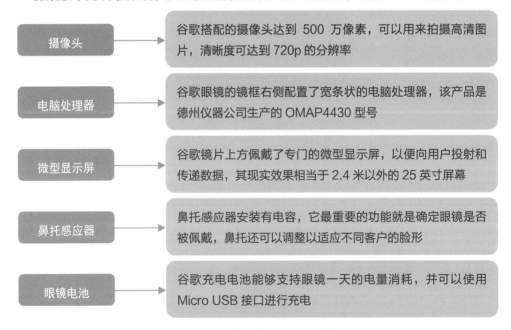

图 5-25 谷歌眼镜包含的 5 种装置

谷歌眼镜重量只有数十克，其内存达到 682MB，使用安卓 4.0 版本的操作系统，同时可以连接蓝牙和 Wi-Fi。此时正值智能手机问世不久，谷歌眼镜的强大功能和极具未来感的设计立刻吸引了大量消费者的眼光。图 5-26 所示为谷歌眼镜佩戴者的内部视角。

图 5-26　谷歌眼镜佩戴者的内部视角

不过，第一款谷歌眼镜依然只在实验阶段，直到 2013 年 10 月，谷歌公司开发出第二代谷歌眼镜，并添加了包括搜索歌曲、收听高保真音乐等功能，将安卓系统升级到了 4.4 版本。

谷歌公司同时还宣布，新的眼镜产品可以与太阳眼镜、视力矫正眼镜兼容。最终这款眼镜于 2014 年 4 月在网上进行销售，定价为 1500 美元。图 5-27 所示为谷歌眼镜的第二代版本。

图 5-27　谷歌眼镜的第二代版本

然而仅仅一年时间，谷歌公司便停止出售第一版本的谷歌眼镜，并且关闭了相应的开发项目。在 2015 年谷歌进行的第四季度财报会议上，谷歌首席财务官帕特里克（Patrick Pichette）承认，谷歌眼镜的市场并不乐观。在谷歌眼镜的销售之中，暴露了 6 个严重缺陷，这正是其不受欢迎的重要原因，如图 5-28 所示。

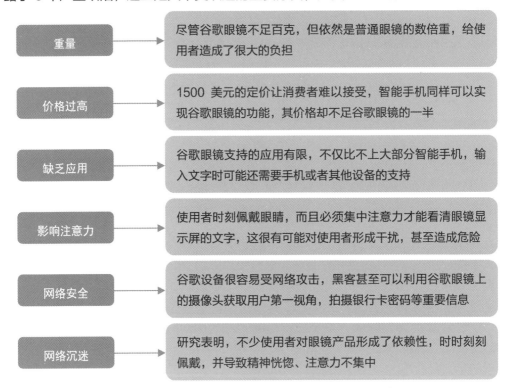

图 5-28　谷歌眼镜的 6 个严重缺陷

总的来看，其最主要的问题，显然还是智能手机具有谷歌眼镜的一系列功能，导致这个眼镜产品失去了市场潜力。除此之外，谷歌眼镜也引发了人们在道德和法律层面的担忧。例如，类似穿戴智能设备可以不留痕迹地对他人进行拍摄或者录像，很容易侵犯他人的隐私。

谷歌眼镜在售的一年中，不少酒吧和餐厅都将谷歌眼镜使用者列为不受欢迎的人。2014 年 10 月，美国电影协会更是宣布，在新版的"打击盗版"政策中，不允许戴谷歌眼镜入影院，因为它可能会被不轨之徒用于电影的盗摄，引发版权问题。

最近几年，谷歌眼镜逐渐退出了大众市场。虽然不少人对其保持乐观态度，谷歌执行董事长 Eric Schmidt 也表示，谷歌依然会继续开发智能眼镜。但是，想要将类似的智能眼镜从科幻作品带入到现实，还需要去发掘它应有的潜力，并运用到现实中来。

5.3.2 Magic Leap 背后的遗憾

2015 年,一个视频传遍了社交网站,在一个聚集着大量观众的室内篮球场中,一头鲸鱼突然从场中心一跃而起并落下,溅起了大量的水花,如图 5-29 所示。

图 5-29 在室内篮球场突然出现的鲸鱼

而这个视频的创作者,便是一家名为 Magic Leap 的 AR 公司。该公司一直致力于将三维图像投入现实的工作,并迅速在网上走红。此时正值增强技术风行于世界,凭借其高清流畅的特效技术,Magic Leap 受到了各大互联网巨头的青睐,谷歌首先对 Magic Leap 进行了 5.42 亿美元的 B 轮融资,随后高通资本、Obvious Ventures、Vulcan Capital 等大型投资机构又增加了 5.04 亿美元的后续投资。

2016 年,在各大金融巨头的加持下,Magic Leap 的估值已经达到了惊人的 46 亿美元。可在万众期待之下,Magic Leap 没有研发出拿得出手的产品,直到 2017 年年底,Magic Leap 才发布第一款 AR 眼镜产品 Magic Leap One,如图 5-30 所示。

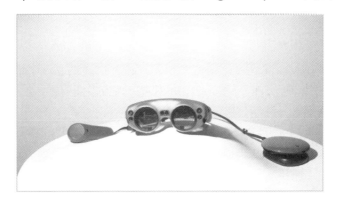

图 5-30 Magic Leap 第一款 AR 眼镜产品 Magic Leap One

这款 AR 眼镜的售价高达 2295 美元,根据开发者介绍,它可以实现在 AR 世界的自由探索。图 5-31 所示为 Magic Leap One 使用者视角。

图 5-31　Magic Leap One 使用者视角

Magic Leap One 问世之后，不少媒体一度认为，Magic Leap One 是当前最好的 AR 眼镜，可最终它还是步了谷歌眼镜的后尘。Magic Leap One 售价虽高，但是设计者显然没有考虑能够为客户带来怎样的实用价值，以至于这款眼镜功能不明确。

除此之外，Magic Leap 缺乏与客户的互动，极少对外公布产品的相关研发信息，和市场也缺乏双向沟通渠道，最终 Magic Leap One 一年只销售了 20000 台左右，使得不少投资者对 Magic Leap 失去了信心，Magic Leap 也获得了"AR 碎钞机"的称号。

谷歌和高通的部分高管纷纷离开了 Magic Leap 的董事会，而 Magic Leap 不得不裁员万人，相当于整个 Magic Leap 公司的一半人员。到了 2020 年，Magic Leap 创始人 Rony Abovitz 出走，由微软高管 Peggy Johnson 担任 Magic Leap 的首席执行官，全公司开始转向教育、健康等 B2B（Business-to-Business，公司对公司）业务。

对于将希望放在 Magic Leap 上的投资者来说，这显然是一个十分失望的结局。Magic Leap 并没有满足人们开发元宇宙的愿望，它致力于展示过于华丽的景象，和现实中的应用背道而驰，注定是转瞬即逝的昙花。

而这同时也是给广大元宇宙开发者的一个提醒：切记不要好高骛远。构建虚拟的元宇宙世界，脚踏实地，方能走得长稳。

第 6 章

技术支柱，归纳展示

通过前文的例子，我们已经了解到区块链、VR、AR 等技术对于元宇宙的重要性。本章将会对元宇宙中用到的技术进行详细的总结，并将其原理通过案例一一进行展示。

6.1 构建技术创造空间，映射技术打造桥梁

随着越来越多的体验者涌入元宇宙，将会极大考验元宇宙的数据运算和现实连接能力，而构建技术和映射技术，正是连接现实世界和元宇宙的不可或缺的一环。

6.1.1 信息爆炸下的计算方式

信息爆炸（Information Explosion）最早出现在 20 世纪 80 年代，随着通信技术的进步，全球信息量每 10 年就要增加一倍。在互联网出现后，信息更是呈现几何级别的增长。为了能够应付海量的数据，云计算（Cloud Computing）的概念因此诞生。

云计算最重要的特点在于"云"，也就是把庞大的数据处理流程分解为比较简单的程序，在多个服务器对这些程序分析处理之后，再将结果反馈给用户。图 6-1 所示为云计算原理图。

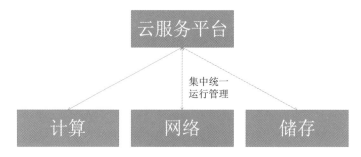

图 6-1 云计算原理图

从当前情形来看，云计算技术在物联网、云营销和云教育这 3 项上得到了很好的应用，如图 6-2 所示。

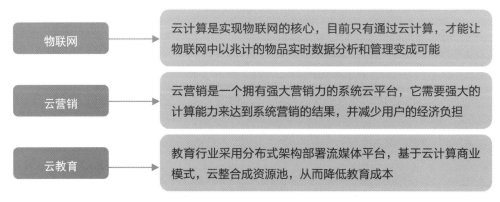

图 6-2 云计算的 3 项应用

在元宇宙世界里,边缘计算和云计算同样重要,边缘计算将计算资源的位置部署到数据源和用户的网络边缘,从而为用户提供更加快捷、安全的计算服务。

打个通俗的比方,如果云计算是连接省与省之间的高速公路,那么边缘计算则是连通镇与镇的国道,虽然它的计算能力不如云端,但是更专注于局部连接,同样是无法忽视的存在。边缘计算与元计算的区别如表6-1所示。

表6-1 边缘计算与元计算的区别

比较	边缘计算	云计算
架构	分布式	集中式
计算资源位置	边缘网络	数据中心
实时性	4G、5G、无线局域网	广域网
实时性	高	低
延迟	低	高
可服务设备	多	少
服务类型	基于本地信息提供服务	基于全局信息提供服务

由此便可以看出边缘计算与云计算之间互补的关系。例如,最新型的无人驾驶汽车技术必须随时处理数据,由于数据难以上传到云端,因此需要用到更加靠近数据源的边缘计算进行服务。图6-3所示为自动无人驾驶汽车系统。

图6-3 自动无人驾驶汽车系统

要想构建一个不断发展的元宇宙空间,单单能对数据进行计算和处理还不够,还必须将这些数据进行妥善的保管和储存,这就离不开分布式储存技术的创建与发展了。

过去传统的数据存储系统，采用集中存储服务器，很大程度上限制了计算机的性能；而分布式网络存储系统采用可以扩展的系统结构，用多台服务器分担用户产生的数据负荷，当用户需要使用这些数据的时候，便可以通过位置服务器定位存储信息。图 6-4 所示为分布式存储系统原理。

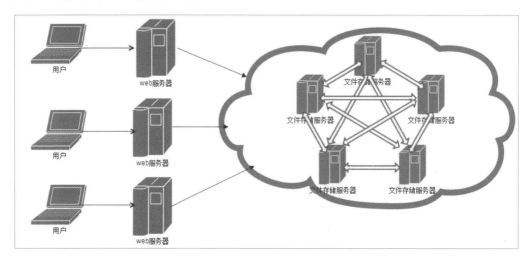

图 6-4　分布式存储系统原理

虽然分布式存储的过程看上去比较简单，但它想要在元宇宙空间中有一番作为，并且充分提高系统的可靠性、可用性和存取效率，却必须用到如下 4 种技术，如图 6-5 所示。

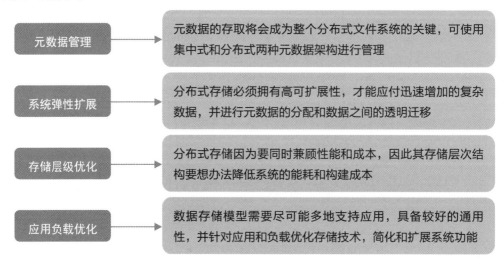

图 6-5　分布式储存需要用到的 4 种技术

通过分布式存储、云计算等技术的配合，可以初步构建一个支持多人在线的数字空间，它们同样是用户体验元宇宙的最基础设施，通过保存、传递用户产生的数据可实现数字资产生成和数字价值的最大化。

6.1.2 数字孪生的应用

元宇宙和数字孪生的关系是什么？简而言之，数字孪生技术就好比一对现实和虚拟世界的双胞胎，现实世界中的实体长什么样，那么另外一个使用数字孪生技术构建的虚拟双胞胎就长什么样，也可以把数字孪生体理解为一个复制克隆的产品。虽然元宇宙世界并没有必须和现实世界相像的规定，但它离不开数字孪生技术的相助。

例如，元宇宙中可以实现数字孪生城市的构建，数字孪生城市是展开数字化治理和发展数字经济的载体，并具备空间分析计算、数据融合供给、虚实融合互动等多项能力。2017 年以来，国内以雄安新区为首，展开了数字孪生城市的规划。图 6-6 所示为数字孪生城市概念图。

图 6-6　数字孪生城市概念图

数字孪生的商业化同样在高速发展，美国通用汽车公司（General Motors Company）和德国西门子公司（Siemens）走在这项技术最前沿。图 6-7 所示为西门子公司基于数字孪生技术推出的数字化原生数控系统 Sinumerik One。

西门子在近年来对于数字孪生技术的研发格外积极，这或许与其提出"未来工厂（Future of Industry）"的概念有着密不可分的关系。数字孪生技术实现了现实世界中物理系统向虚拟空间数字化模型的反馈，保障了数字空间和物理世界的协调一致，这对于智能制造有着重大意义。

图 6-7 数字化原生数控系统 Sinumerik One

6.1.3 3D 扫描创造框架

想要呈现一个栩栩如生的数字孪生体，3D 扫描技术是不可或缺的一环，通过使用仪器探测和分析物体，或者环境的外观数据和几何构造，我们可以在虚拟世界中创建实际物体的数字模型。3D 扫描技术又可以进行详细分类，如图 6-8 所示。

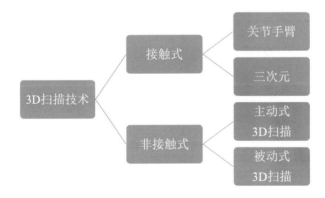

图 6-8 3D 扫描技术的详细分类

比起非接触式，接触式 3D 扫描技术的精度更高，但因此生成的数字模型大小有限。图 6-9 所示为基于接触式扫描技术进行测量的三次元量床。

如今，3D 扫描已经被广泛运用到各个领域，逆向工程、生物信息、刑事鉴定、游戏创作、地貌测量等行业都将 3D 扫描作为精密性工作中不可或缺的一环。图 6-10 所示为 3D 扫描在地貌测量中的运用。

通过 3D 扫描打造的数字孪生体系，可以将实物信息转换为计算机能够处理的数据，并反馈到元宇宙中通过计算和存储加以利用，这也是实体经济赋能元宇宙的重要一步。

图 6-9　三次元量床

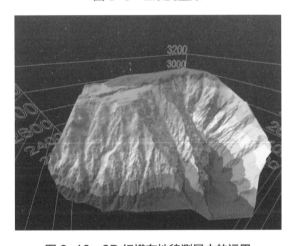

图 6-10　3D 扫描在地貌测量中的运用

6.2　元宇宙接入技术和应用技术的发展

　　元宇宙空间初步建成后，就要想办法让全民参与到元宇宙中。现如今进入元宇宙世界最常见的接入技术，依然是 VR 和 AR 技术，不少元宇宙世界的体验者只图一时的新鲜感，难以找到其中的价值所在。

　　那么，VR 和 AR 设备是否有更好的改进空间？是否还有其他进入元宇宙的方式？而人们进入元宇宙后又能否找到更多的价值？这就取决于接入技术和应用技术的发展。

6.2.1　VR 的缺陷与改良

想要了解接入类技术，首先就要从传播最为广泛的 VR 说起，截至目前，用于商业销售的 VR 设备分为如下 3 种，如图 6-11 所示。

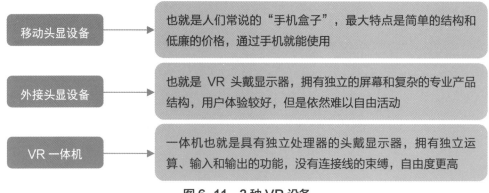

图 6-11　3 种 VR 设备

VR 行业取得了相当大的进步，但是依然没有在人群中普及，更多的是以下 6 种原因，如图 6-12 所示。

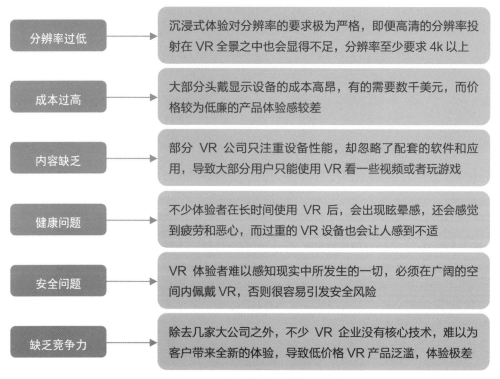

图 6-12　VR 行业发展遇到的 6 个问题

正是因为部分 VR 使用者的体验不佳，间接导致了大众对于元宇宙市场的不乐观态度，并进一步造成了行业的低迷。

当前最重要的一点，便是提高 VR 设备的播放质量和便携性。遗憾的是，设备的这两种属性并不兼容：便携 VR 设备无法带来很好的游戏体验，而高质量 VR 设备的穿戴又十分复杂，因此人们迫切需要研发一款可以进行无线连接的设备。现如今大部分主流的 VR 设备基本需要使用线缆连接电脑端的 HDMI 接口，而三星公司出品的 Gear VR 却不存在这个问题。图 6-13 所示为三星 Gear VR 产品。

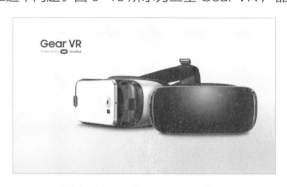

图 6-13　三星 Gear VR 产品

三星生产的这款 VR 设备，定价为 99 美元，要求使用者必须拥有一台三星的 Note 4 手机，并将其以屏幕朝里的方式固定在设备之上，方可进入 VR 体验世界。Gear VR 便于携带，结构简单，也无须使用复杂的连线，但是它的功能依然十分单一，而且耗电量庞大，有数据表明，体验者仅仅使用两个小时，手机电量就从 80% 下降到 20%。

限制 VR 连接的一个重要因素是传输速度，VR 视频信息量实在太过庞大。以一个 2048×1080 分辨率的画面为例，需要 17Gbit/s 左右的带宽才能满足 60fps 的延迟，而目前最快的民用带宽在 2Gbit/s 左右，根本无法满足使用要求，如果采取压缩的传输方式，又会导致 VR 出现大幅度的延迟。

但是，5G 的到来为无线 VR 设备提供了更多可能。图 6-14 便是基于 5G 提出的两种无线 VR 设备方案。

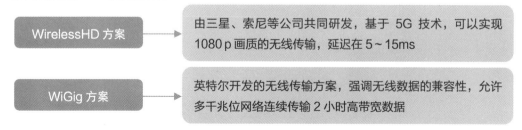

图 6-14　两种无线 VR 设备方案

例如，宏达公司推出的 VIVE 无线升级套件，便是基于 WiGig 方案所研发，拥有比较轻的机身，并可以实现 6 米内的无线信号传输。图 6-15 所示为 VIVE 无线升级套件装备。但这款套件装置的定价在 2400 元到 3100 元人民币，依然是消费者难以承受的价格。

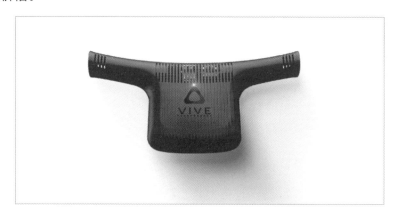

图 6-15　VIVE 无线升级套件装备

除去 VR 的信号传输问题之外，研究者还在致力于降低设备使用中产生眩晕症的负面影响。VR 使用者容易眩晕的最主要原因是视轴调焦冲突，当体验者视觉的效果反馈到大脑，身体做出平衡补偿，然而却并没有发生预料之中的状况，会导致身体出现异常。

因此，一些开发团队致力于将视觉系统和体感系统的感受同步化，以便在一定程度上解决晕眩问题。例如，来自国内的 X-MOTION 团队就试图使用更加逼真的赛车模拟器来消除这种晕眩感，图 6-16 所示为赛车驾驶模拟器。

图 6-16　赛车驾驶模拟器

在研究团队看来,赛车驾驶模拟器能实现视觉和体感的同步,可消除晕眩带来的影响,但是这种模拟器功能过于单一。想要解决眩晕感,可能还要多从人造三维图像的原理下功夫。

6.2.2　AR 面临的困境

2022 年 3 月,按照 TrendForce 集邦咨询的预测,2022 年全世界 AR 与 VR 设备的出货量将会达到 1202 万台,与 2021 年相比增长 26.4%,而 Oculus 与 Microsoft 依然会是交互设备的龙头企业。

虽然 AR 与 VR 齐名,可看上去 AR 行业的规模似乎要小得多。不过这份数据并不能说明什么问题,AR 的应用其实更加广泛,因为它们并不需要多么高端复杂的设备,一台智能手机就可以轻松实现想要的效果。图 6-17 所示为一款可以在手机上运行的 AR 小程序。

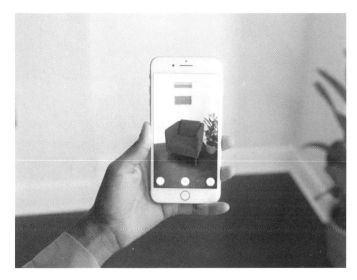

图 6-17　手机平台运行的 AR 小程序

与 VR 相似,AR 第一个尴尬的地方在于场景的发挥空间实在有限。以当前最著名的 AR 游戏《宝可梦 GO》(*Pokémon GO*)为例,该款游戏开发公司为任天堂,允许身为宝可梦宠物训练师的玩家利用 AR 技术对现实世界中出现的宝可梦进行探索捕捉、战斗和交换。游戏的地图和现实紧密相连,并且用玩家实际位置进行定位。

可在大庭广众之下去抓捕一只虚拟世界的宠物,会让有些玩家感到局促,而宝可梦的随机性,可能会让沉迷其中的玩家受到人身安全的威胁。

2016 年 10 月,日本一名司机就在开车过程中使用《宝可梦 GO》抓捕宠物,结果导致驾驶不当酿成车祸，使一名 9 岁小学生死亡。这并非偶然事件，世界各地因为《宝可梦 Go》引发的交通事故已超过 150 起，为此《宝可梦 GO》官方不得不上线限速系统，在玩家移动速度过快时及时发出提醒，如图 6-18 所示。

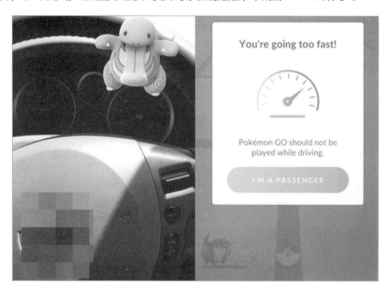

图 6-18　《宝可梦 GO》的限速系统

AR 能够在手机软件中发挥的作用，往往是"锦上添花"，很难改变人们的生活方式。前文中曾讲述了谷歌眼镜的失败，其很大一部分原因是智能手机的兴起，但智能手机却不是专为 AR 设计的，无论是硬件还是算法都有其不足之处，未来的 AR 设备依然会以眼镜作为主流。AR 智能眼镜在各个领域的研究还只处于起步阶段，有 3 处需要优化，如图 6-19 所示。

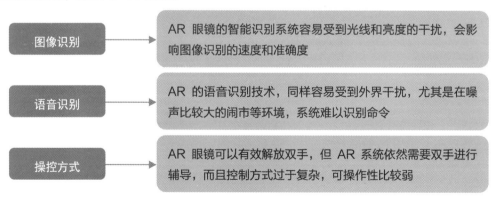

图 6-19　AR 眼镜需要优化的 3 处

目前，大部分 AR 设备还只能做出简单的效果，比如在真实场景中展现一个卡通宠物。这在空旷的地方是很容易做到的事情，可场景一旦复杂，那么很多问题就无法解决。假如在这个宠物面前摆放一把椅子，那么摄像头该如何区分宠物和椅子的前后关系呢？

对光线的计算，对物体阴影的计算，都需要极其复杂的感光设备才能完成，偏偏 AR 设备的体积又是有限的。因此，目前 VR 比 AR 更有沉浸感和体验感，但是 AR 作为人们日常生活的补充，更容易加以运用。从实用角度来看，AR 在教育、医疗、广告等领域已经发挥了不可忽视的作用，它或许会比 VR 更早体现元宇宙应用价值。

6.2.3　接入技术的新成员：MR 与 XR

接入技术并非只有 VR 和 AR，我们可以再看看另外一些新成员。早在 20 世纪 70 年代，加拿大多伦多大学教授 Steve Mann 便提出 MR（Mixed Reality）的概念，即所谓的"混合现实技术"。

如果说 VR 是通过设备模拟出一个三维空间展现了"无中生有"的过程，而 AR 则是将虚拟事物叠加到现实场景，那么 MR 便是 VR 与 AR 两种技术的结合。它将虚拟世界和现实世界结合在一起，让实物和数字通过三维投影融会贯通，模糊了现实与虚拟之间的边界，从而达到"虚虚实实，难以分辨"的效果。图 6-20 所示为 MR 设备效果图。

图 6-20　MR 设备效果图

在 Steve Mann 教授看来，AR 与 MR 之间最明显的区别便在于"体验者可以在 MR 中感受到裸眼都看不到的现实，而 AR 却只是在叠加虚拟环境，并不管理现实本身"，因此 MR 终将成为 AR 技术的替代品。

与 AR、VR 相比，MR 更加注重在生产行业的运用，尤其是工业上的应用。例如，工作人员戴上专门的 MR 眼镜进行设备巡检时，MR 设备就可以自动显示出相关设备的运行参数和数据；如果检查人员发现异常情况，可以利用 MR 设备及时进行上报并记录，而生产中的工人可以通过 MR 设备接受相关专家的专业指导，以精准地完成工作。

在教育行业中，MR 甚至可以将教学内容虚拟化，让学生按照指导完成虚拟操作，节约了大量成本，也提高了教学效率。图 6-21 所示为一名学生正在使用 MR 设备教育系统进行培训。

图 6-21　学生凭借 MR 设备进行培训

MR 最冲击体验者的一点，便是交互式的全息可视化观感。例如在进行展览时，需要详细展现展品的内部空间结构，而 MR 技术不仅适合展示体积庞大且昂贵的展品，比起传统的实物沙盘，更是拥有大量的动态内容。图 6-22 所示为 MR 沙盘效果图。

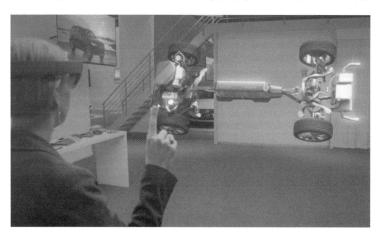

图 6-22　MR 沙盘效果图

混合现实技术的载体是智能眼镜，同样，它会遇到重量、定位、价格等一系列困境。作为 VR 和 AR 的衍生物，MR 的普及度远远不及前面两者，但是它的出现标志着人们距离影视作品中的世界并不再遥远。

如果说 VR 和 AR 各自为政，MR 是两者的融合，那么以上 3 种产物加起来，便会诞生最后的大 Boss——XR（eXtended Reality），也称为扩展现实技术。从某种意义上来说，它并不是一种独特的技术，而是与虚拟现实、增强现实、混合现实三者密切相关。图 6-23 便很好地说明了它们之间的关系。

图 6-23　VR、AR、MR、XR 之间的关系

在未来世界，XR 将会成为交互的终极形态。它不再满足于普通的视觉和触觉感官体验，而是为体验者带来虚拟世界和现实世界之间无缝转换的沉浸感。因此，当扩展现实技术成熟，也就意味着元宇宙世界的成熟。

例如在 2018 年，人们就展开了一场别开生面的"元宇宙宴会"，图 6-24 所示为宴会上的元宇宙食物。

图 6-24　宴会上的元宇宙食物

2017年，意大利艺术家 Mattia Casalegno 开始在世界各地举办虚拟宴会"航空宴会 RMX"，邀请顾客体验来自未来世界的美食。用户通过虚拟设备看到的美食，实际上正是厨师在现实中加工完成的作品，而游客们可以通过虚拟设备调节自己所在的环境，可以是沙漠、绿洲及宇宙，从而慢慢享受视觉和味觉带来的双重体验。总之，通过 XR，人们能实现现实中难以做到的一切。

6.3 区块链打造全新经济体

毫无疑问，目前任何一项技术，都没有区块链对元宇宙来得重要。区块链技术起源于比特币，可如今它对世界的影响却远远超出了比特币本身。区块链技术不仅仅是元宇宙的载体，还是疏通元宇宙全身的"毛细血管"。

当前元宇宙的进步，大部分局限于体验的优化上。如果元宇宙不能转换为一项可以在真实商业范畴落地的内容，那么投资者的努力将会变得毫无意义，而区块链便是元宇宙实现虚拟价值和现实价值统一的关键一环。

6.3.1 新的数据传输方式

如果从数据的视角来看，元宇宙相当于一种新的数据传输方式，实现了现实世界与虚拟世界的双向自由流动。目前，互联网的数据传输有3个问题亟须解决，如图6-25所示。

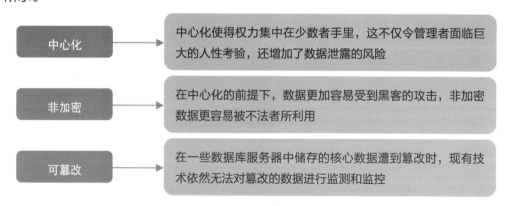

图 6-25 互联网数据传输的 3 个问题

区块链技术可以帮助元宇宙系统实现点对点的传输，并通过数据加密和其自身的不可篡改属性，在虚拟世界中形成一套完整的信任机制。

2022年3月，Meta 公司宣布在西班牙建立一个新的元宇宙数据中心，其投资规模将达到 10 亿美元，预计雇用 2000 名员工。Meta 旗下连接部副总裁 Dan

Rabinovitsj 表示，元宇宙想要在不依靠新技术的情况下快速处理数据，就需要更加开放的基础设施和软件。图 6-26 所示为 Meta 新数据中心蓝图。

图 6-26　Meta 新数据中心蓝图

早在 2021 年 12 月 23 日，Meta 首席技术官 Andrew Bosworth 表示，当前公司的总体方针便是与区块链保持高度的兼容性，因为区块链很有可能"在十年内对公司产生重大影响"，一些用户会放弃传统的社交媒体和技术平台，选择使用去中心化的应用。数据中心的建立，也正好展现了 Meta 对数据传输的重视力度和公司改变运营方式的决心。

6.3.2　完善成熟的激励系统

元宇宙的贡献者应该获得一定的激励，而这离不开区块链专属 NFT（Non-Fungible Token，非同质化代币）作为支撑。图 6-27 所示为当前世界上最大的 NFT 交易市场 OPEN SEA。

图 6-27　世界上最大的 NFT 交易市场 OPEN SEA

NFT 作为缜密完善的技术系统，将会被安置在元宇宙的第 5 层——激励层之中。图 6-28 所示为元宇宙的层级分布。

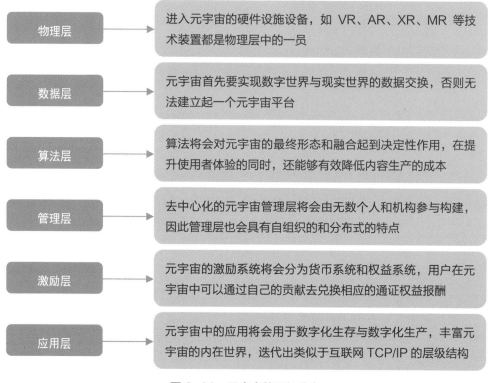

图 6-28　元宇宙的层级分布

▶ 专家提醒

TCP/IP（Transmission Control Protocol/Internet Protocol，传输控制协议/网际协议）是指可以在不同网络间进行信息传输的协议簇，它由多个协议构成，以最具代表性的 TCP 协议和 IP 协议结合命名。

区块链便是连接元宇宙下层与上层之间的通道，它确保元宇宙激励的不可复制性，使得元宇宙的经济系统不易产生通货膨胀，从而保障了元宇宙社区的流畅运行。

第 7 章

价值财富,前景无限

学前提示

元宇宙带来了全新的体验,同时也带来了巨额的财富,我们要如何把握住这样的机遇?本章将就元宇宙中诞生的新职业岗位和就业机会进行探讨,或许你也可以发现机会,找到属于自己的价值。

7.1 元宇宙中的新职业

"三百六十行,行行出状元",当元宇宙出现后,"三百六十行"或许会扩充到"三百八十行",众多新鲜职业正迅速出现在人们眼前,并彰显出属于自己的价值。

7.1.1 虚拟化身的美容医生:捏脸师

2021年12月,淘宝联合中国劳动关系学院等机构共同发布的《2021年淘宝冷门新职业观察》报告显示,游戏捏脸师、猫粮品尝师等10项工作成功入选"2021年度十大冷门新职业"。

捏脸师正是基于数字形象愈发饱满的情况下诞生的特殊工种。2016年,社交软件Soul在全国上线,并尝试为用户提供一个沉浸式、低延迟性的社交领域,但Soul并不支持真人图片,而是为各个使用者提供了一款捏脸工具,以方便他人创造带有个性色彩的虚拟头像。图7-1所示为Soul的虚拟头像。

图7-1 Soul的虚拟头像

虚拟头像功能受到了大量使用者的追捧,由于一个漂亮的头像需要大量的参数设置,因此诞生了大批的捏脸师。于是部分用户通过有偿的方式,求助于专业的捏脸师来获得自己想要的头像。

捏脸市场的火爆让Soul看到了新的推广商机,2021年6月,Soul宣布签约了近80位"捏脸达人",这些签约的"达人"可以在平台的"个性商城"中上线自己创作的头像作品,并且根据销售业绩获得收益。图7-2所示为Soul平台上出售的虚拟头像作品。

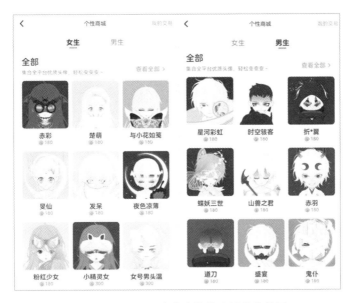

图 7-2　Soul 平台上出售的虚拟头像作品

根据相关媒体的报道，一部分捏脸师收入不菲，最高时甚至可以达到一个月 4.5 万元。目前 Soul 已经上线了 3 万多个原创头像作品，其中购买者多为 18~27 岁的用户。随着众多虚拟产品的推出，捏脸师也开始走向正式化和职业化，拥有了较为广阔的发挥空间，但同样也要承担行业不稳定的风险。

7.1.2　元宇宙中的造梦者：虚拟建筑师

在电影《盗梦空间》中，人们可以进入他人梦境盗取机密，并重塑他人梦境，而负责重塑梦境的人，也就被称为"建筑师（the Architect）"。图 7-3 所示为《盗梦空间》中"建筑师"所创造的梦境。

图 7-3　"建筑师"所创造的梦境

正如同"建筑师"在电影中可以随心所欲地创作，元宇宙中的虚拟建筑师也可以大胆发挥想象，天马行空地改变整个建筑甚至是世界。而他们所构筑起来的空间也是所有元宇宙用户进行体验的平台。当前已有部分虚拟建筑师打出了名气，例如，国内的"国家建筑师&Cthuwork"团队就是其中之一。

"国家建筑师&Cthuwork"团队是一家以体素艺术为表现形式的内容创作团队，致力于在《我的世界》平台上还原中国传统古典艺术建筑，目前在社交平台上已经拥有超过 70 万的粉丝。图 7-4 所示为该团队创作的虚拟建筑效果。

图 7-4　"国家建筑师&Cthuwork"创作的虚拟建筑效果

以"国家建筑师&Cthuwork"创作的《紫荆城》作品举例，一共有百余名团队成员参与了游戏开发，共耗时 26 个月。为了还原故宫建筑群外观布景和屋内陈设，团队还采用了卫星图和实地拍摄的方式获得资料。

从某种意义上看，虚拟建筑师和现有职业游戏场景设计师有些类似。图 7-5 所示为两者的相同点。

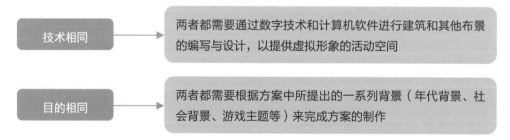

图 7-5　虚拟建筑师和游戏场景设计师的相同点

但是，虚拟建筑师需要更加全面的专业素养，包括对建筑学知识、游戏设计、内容交互等知识的灵活运用。而人们对于虚拟产品的需求，将会进一步加速虚拟建筑师的发展。

2021年3月,有一幢名为Mars House的虚拟房屋NFT作品以50美元的价格出售,这也是历史上第一个在NFT市场进行售卖的数字房屋。在计算机上,Mars House可以通过3D化的结构出现,如图7-6所示。

图7-6 3D化结构出现的Mars House

Mars House整幢房屋装配有大量LED(light-emitting diode,发光二极管)基板,并采用钢化玻璃和可再生材料的家具元素。Mars House设计者采用Unreal(虚幻)引擎进行渲染,这使得房屋主人可以同时使用VR或者是带有AR的应用程序来进行体验。

2021年,一家名为"烤仔建工"的团队在国内成立,团队中的6人都是建筑设计专业出身,专门在Sandbox、Decentraland等平台为有土地使用权的客户搭建房屋。图7-7所示为"烤仔建工"设计的虚拟建筑效果。

图7-7 "烤仔建工"设计的虚拟建筑效果

根据媒体报道,"烤仔建工"团队完成一个元宇宙房屋的设计,其中线稿设计费用通常在 3200 元左右,效果图则为 6400 元,它们也为在大流行时代工作受阻的建筑师提供了更多的就业机会。

7.1.3 品牌形象宣扬者:虚拟道具设计师

2021 年 10 月,根据美国专利商标局发布的相关报告显示,耐克服装公司已经提交了旗下 Nike、Air Jordan、Jumpman 等著名品牌的虚拟商标申请,如图 7-8 所示。

图 7-8 耐克提交的虚拟商标申请

根据商标申请用途表的内容,耐克将会把这些商标用于服饰、箱包、眼镜、运动器材等虚拟数字产品。事实上,耐克公司早已在元宇宙平台中推出了自己的虚拟数字品牌 NikeLand,如图 7-9 所示。

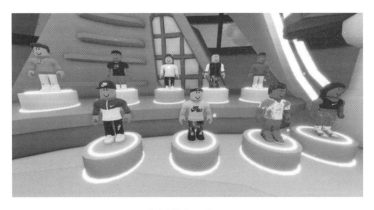

图 7-9 虚拟数字品牌 NikeLand

就在申请商标的同时，耐克官网上发布了一份"虚拟道具设计师"的招聘启事，为企业招募设计元宇宙产品的人才。因此，行业预测未来的耐克公司会推出更多的虚拟产品。国内的腾讯公司虽然没有提出"虚拟道具设计师"这样的岗位，但同样也在招募 3D 场景、3D 角色、角色原画等设计方向的美术设计师。将来的"虚拟道具设计师"或许会作为一个更加完善而独立的职位出现。

7.1.4 虚拟理财大师：元宇宙资产顾问

2022 年 3 月 20 日，全球最大的上市咨询公司埃森哲正式宣布推出埃森哲元宇宙咨询业务，为有意于元宇宙产业的客户提供顾问和指导服务。该项目将由埃森哲首席执行官 Paul Daugherty 和埃森哲互动首席执行官 David Droga 共同领导。图 7-10 所示为埃森哲推出的 Metaverse Continuum 项目。

图 7-10　Metaverse Continuum 项目

在元宇宙行业刚刚兴起的阶段，埃森哲就已经看到了这个行业的潜力，申请了 600 多项元宇宙的专利。当大量投资企业进军元宇宙，以及 NFT 数字藏品出现快速增长时，元宇宙资产顾问将会为投资者们出谋划策，他们如同现实中的财务顾问，发挥着同样重要的价值。

7.2　元宇宙中的创业梦想

成功都是为有准备的人提供的，元宇宙里充满了广阔的职业空间，也就为创业发展提供了多种可能。无数案例证明，元宇宙并不只是众多大企业的舞台，那些有心者同样能够在元宇宙中展现出属于自己的色彩。本节将就几个元宇宙创业的案例进行分析，并探讨它们能够获得成功的原因。

7.2.1 受到脸书青睐的虚拟现实初创公司

2012年,一家名为Oculus Rift的公司在众筹网站Kickstarter发起了25万美金的筹款活动,在短短一个月内,Oculus Rift便获得了来自9522名支持者共计240万美元的筹款。而在接下来的一年里,Oculus Rift更是频频受到大佬的眷顾,2014年,脸书首席执行官扎克伯格亲自来到Oculus Rift办公室,与对方签下价值20亿美元的收购协议。

让人感到吃惊的是,Oculus Rift的创始人竟然只是一名叫帕尔默·洛基(Palmer Luckey)的大学生。凭借这一笔天价收购,帕尔默·洛基成功进入美国中青年创业财富榜第26位,并以21岁的年纪成为硅谷亿万富翁俱乐部中年龄最小的一员。究竟是什么让帕尔默·洛基的Oculus Rift获得如此青睐呢?

洛基来自加尼福利亚州,童年时期的他受游戏和电影的影响,对虚拟现实产生了浓厚的影响,因此从小自学电工,开始尝试虚拟头盔的改造。当洛基就读于加州州立大学时,又进入VR技术鼻祖Mark Bolas实验室学习,从而设计出了属于自己的VR设备原型。图7-11所示为Oculus VR设备原型机。

图7-11 Oculus VR设备原型机

由于洛基经常在MTBS3D等技术论坛上交流心得,他的设备引起了一位软件公司老板约翰·卡马克(John Carmack)的兴趣,两人一拍即合,决定成立Oculus Rift公司,并由卡马克担任首席技术官。

2012年,Oculus Rift团队在众筹网站上雄心勃勃地展示自己对未来头戴式概念机的想象,并描述了虚拟现实市场的宏伟蓝图,从而引发了科技界投资者的极大兴趣。Oculus Rift趁热打铁,开发出多款VR头戴式设备,现在看这些头显设备似乎有些笨重,但在当时却充满了新鲜感和科技感,甚至吸引了扎克伯格等众多名人前往体验。图7-12所示为Oculus Rift早期生产的产品。

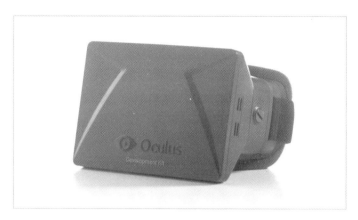

图 7-12 Oculus Rift 早期生产的产品

被脸书收购之后，Oculus Rift 在大量资金的支持下，提高了硬件和软件的开发效率，并全力投入商用模式，2016 年春，消费者版的 Oculus Rift 正式发售，这款基于 Crescent Bay 原型的装置经过改良，可以支持坐姿和站姿体验。在脸书的支持下，越来越多的软件商为 Oculus Rift 开发应用程序，这使得 Oculus Rift 不仅能够应用于游戏领域，更是在建筑设计、教育等行业开始展现价值。

2021 年，在互联网数据公司 Counterpoint 发布的第一季度全球 VR 设备品牌份额排行榜中，Oculus 吞下了 VR 品牌中 75% 的巨大份额，更是远超第 2 名大朋 VR 与第 3 名的索尼 VR，如图 7-13 所示。

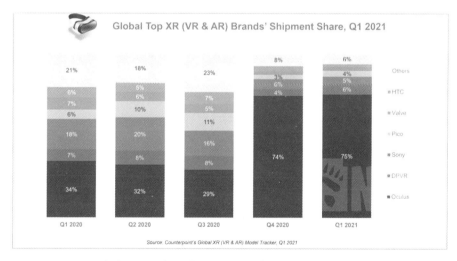

图 7-13 全球 VR 设备品牌份额排行榜（数据来源：Counterpoint）

如今的 Oculus Rift 已经是 VR 市场中的巨无霸，而在短短十年前，它还只是游走于论坛上的初创小团队。Oculus Rift 的发展离不开变革，只有不断创新，设计出符合消费者理念的产品，才能成为元宇宙中的一棵常青树。

7.2.2 在元宇宙中使用搜索引擎

在互联网世界中，作为互联网用户获取信息的主要渠道，搜索引擎已经成为其不可或缺的一部分。图7-14所示为搜索引擎的3个版本。

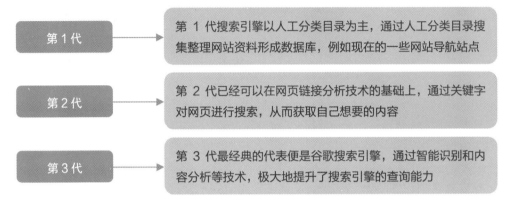

图7-14 搜索引擎的3个版本

而元宇宙世界拥有更加庞大的数据，想要在这些数据之中检索出自己想要的信息，同样离不开搜索引擎。目前，一些元宇宙配套的设备已经开发出更加智能的搜索功能。例如，智能识图的AR程序可以识别现实生活中的物品信息，如图7-15所示。

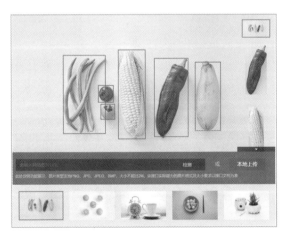

图7-15 智能识图的AR程序

但是这样的搜索软件识别范围有限，想要整合元宇宙中的海量资源，则需要更加先进和智能的引擎模式。

2021年6月，互联网公司Neeva宣布，将会发布世界上第一个具有私密性和无广告的搜索引擎。Neeva 表示，这个搜索引擎极为安全，不会向任何人泄密并出售个人信息。除此之外，Neeva 还允许用户自定义搜索结果，同步个人电子邮件、日历等文件，以便使用者选择自己希望看到的信息来源。图 7-16 所示为 Neeva 搜索引擎。

图 7-16　Neeva 搜索引擎

因为 Neeva 搜索引擎缺少广告收入，它计划向用户收取每月 4.95 美元的使用费，而且 Neeva 还鼓励用户进行创作。开发者承诺，当创作者的内容被用户采用，会获得至少 20%的收入，这显然更符合元宇宙去中心化发展的模式。

国内基于元宇宙技术研发搜索引擎的脚步同样在有条不紊地进行。2022 年 1 月 13 日，搜索引擎公司 Qury 发布了搜索产品"曲率搜索（meta-search）"，如图 7-17 所示。

图 7-17　Qury 的搜索产品"曲率搜索"

据 Qury 团队介绍，这款搜索引擎将拥有智能搜索和场景内容推荐协同发展的双向优势，进一步打破了信息壁垒，从而加速元宇宙的使用效率和数据流通。"曲率搜索"当前不仅能够搜索大量元宇宙的资讯、视频等内容，同时搜集了世界各地元宇宙平台中的建筑、资产、活动等信息。图 7-18 所示为在"曲率搜索"平台中通过关键字搜索的建筑内容。

图 7-18　"曲率搜索"平台

因此，类似的引擎服务将会成为元宇宙初识者重要的参考资料，也可以为元宇宙用户带来更加真实的沉浸式体验。

7.2.3　区块链资产落地真实生活：永恒链的诞生

2017 年，意大利珠宝公司迪慕恩（Diamond Momen）宣布成立区块链研究部门。此时正值区块链概念火热之时，迪慕恩并非传统的互联网企业，作为一家珠宝公司参与区块链的研究，难免有些"蹭热度"的嫌疑。

然而迪慕恩很快就宣布，会创造一种全新的数字通证——永恒链，这种通证是基于南非钻石作为担保的分布式区块链网络，可以用于价值储存或者换取商品以及其他服务。

为何永恒链会单独瞄准钻石市场呢？首先是钻石产业链的特性决定的，天然钻石作为稀有宝石，本身具有高度保值性，它覆盖采矿、贵金属、珠宝等多个领域，在交易过程中容易出现非法行为，如造假、欺诈保险、走私以及强迫劳役等。图 7-19 所示为钻石开采现场。

而区块链的特性，却会使得钻石从采集、交易、流通的信息得到完整的保存。所谓永恒链，便是利用区块链技术在产品包裹中植入数字芯片，以保障产品的每一个流程都被永恒链所有者清楚地了解。

图 7-19　钻石开采现场

通过区块链账本，永恒链所有者还可以将钻石所有权进行分割交易及转让，这样一来钻石无须通过冗长的产业链，包括开具证书、外汇结算等环节，节省了大量的时间和成本，同时也增加了钻石的流通价值。

永恒链技术不仅适用于钻石，同样适用于其他一些价格昂贵、流通困难的产品。如今国内外诞生了许多以永恒链为基础的新型公司，它开始让普通人感受到区块链技术带来的价值和便利。

7.2.4　警惕元宇宙中的创业陷阱

元宇宙产业蓬勃发展的时候，一些不法分子也将目光瞄准了这个新项目，利用投资者想要赶上热潮的急迫心理，从事各种违法活动，因此对元宇宙感兴趣的人群，也必须擦亮自己的眼睛。

2022 年 2 月 18 日，中国银行保险监督管理委员会处置非法集资部联席会议办公室发布了《关于防范以"元宇宙"名义进行非法集资的风险提示》，提醒广大群众谨防犯罪分子诈骗，以"元宇宙投资项目""元宇宙链游"等名目吸收资金，有可能涉及非法集资、诈骗等活动。

除此之外，这份提示还专门列举了数个例子。图 7-20 所示为非法集资常见的几种套路。

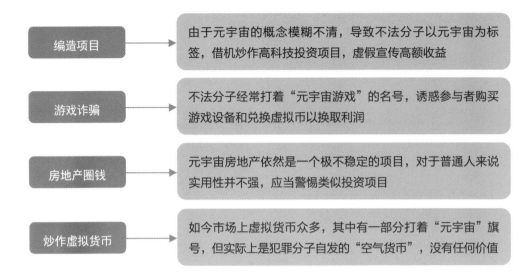

图7-20 非法集资常见的几种套路

元宇宙在科技圈火热已久，虽然有不少民众尚未清晰了解其概念，却被一些鼓吹元宇宙可获得暴利的声音所吸引。例如，一些所谓"躺着就能赚钱""三天可回成本"的"区块链游戏"，这些游戏的服务器大部分在境外，专门在国内安装软件和教学视频，更有中介伪装成"元宇宙投资老师"向上当者索要财物。

因此，投资者有意于元宇宙项目时，务必先进行详细全面的了解，在合法合规的方式下进行投资。

7.3 更加伟大的数字文明

虽然目前遇到了众多困难和技术瓶颈，但是缔造元宇宙的最终目的，是服务于人类，建立一个更加伟大的数字文明，以便每一个人实现个体的价值。基于这一目的，未来的元宇宙同样有规则制度需要遵守，它会在现代社会的框架上建立起一个新的秩序。本节将就当前一些现象，对未来元宇宙中可能发生的事情进行大胆的推测和猜想。

7.3.1 对元宇宙的新理解

对于已经到来的元宇宙时代，我们应当有一些比较清晰的认知和共识。它和当前社会的最大差异，就蕴藏在这些新理解之中。

1. 元宇宙并非纯粹的虚拟世界

元宇宙就像是一枚硬币，而虚拟世界和现实世界分别是它的正反面，两者合二为一方能让硬币发挥价值，因此元宇宙的线下场景同样重要。图 7-21 所示为上海某线下 NFT 数字艺术品展览会。

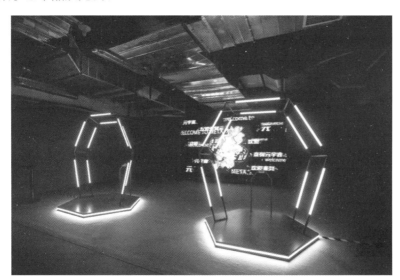

图 7-21　上海某线下 NFT 数字艺术品展览会

对于元宇宙来说，线下场景内容会更加稳定而真实，元宇宙也可以利用自己本身的属性为使用者带来更多的沉浸感体验。

2. 元宇宙属于"非线性时空"

什么是"非线性时空"呢？打个通俗的比方，它就像是我们吃汉堡的方式。线性时空往往是按部就班一个事件的过程，从故事的开端、发展再到高潮和结尾。如果按照"线性吃法"，我们首先得吃掉汉堡第一层的面包，才能吃第二层的蔬菜和沙拉，第三层继续吃汉堡的肉饼。那么，"非线性时空"却能够帮我们横着咬下，一口便享受到多种汉堡食材的美味。

人类历史上有不少小说、戏剧和电影都采用了"非线性叙事"的手法，例如，导演昆汀·塔伦蒂诺（Quentin Tarantino）执导的电影《低俗小说》就采用"非线性叙事结构"，从而获得了意想不到的成功。

在元宇宙世界中，时间并不与现实世界重合，元宇宙使用者完全可以利用多个数字化身在同一时间展开探索。例如，当你在现实生活中进行工作时，可以将自己的数字身份安置在元宇宙中进行其他活动。数字身份无须遵循牛顿力学，这使得体验者可以在同一时间利用数字身份完成各种任务，例如在第 1 个元宇宙当一名科学家，在第

2个元宇宙当一名战士,在第3个元宇宙做一名兽医等。随着经验的累积,可以进一步提升数字身份的价值。

3. 元宇宙是一个开源世界

元宇宙的大部分内容都是开源的,如图7-22所示。

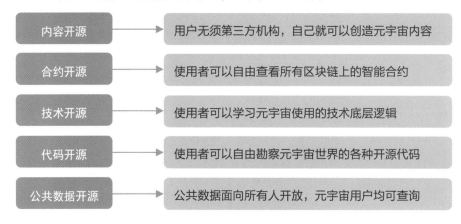

图7-22 元宇宙的开源内容

因此,元宇宙有效规避了中心化平台的垄断,而开源最重要的意义便是合作,通过合作搭建整个元宇宙世界。这一点可以参考世界上最著名的开源项目之一——Linux操作系统。

Linux是一款基于可移植操作系统接口的多用户、多任务、多线程的操作系统,可以运行UNIX工具软件、应用程序和网络协议。早期的Linux操作系统还是发明者一个人的小项目,通过开源社区获得了源源不断的代码支持,才得以广泛传播使用,而元宇宙同样如此。

4. 元宇宙并不能解决现在的社会矛盾

尽管大部分元宇宙项目和其设计者都在强调去中心化和分布式技术在元宇宙中的地位和作用,但从最早的《雪崩》《黑客帝国》,再到后来的《头号玩家》,几乎所有与元宇宙相关作品和游戏中都描绘了因为权力集中而导致失败的未来社会。

这也就是所谓的"赛博朋克(Cyberpunk)"概念,即因为"低端生活与高等科技结合"产生的巨大冲击场景。图7-23所示为赛博朋克游戏 *Cyberpunk* 2077 的世界。

元宇宙的主体是现实生活中每一个活生生的人,这也就意味着元宇宙并不能彻底解决当今社会存在的矛盾,反而可能会引发更多的冲突和犯罪活动。

图 7-23 赛博朋克游戏 *Cyberpunk* 2077 的世界

同时,科技手段的提升或许会导致事情向不好的一面发展。例如,脸书的创始者之一罗杰·麦克纳米(Roger McNamee)就公开表示,脸书投资元宇宙项目很有可能是一个"坏主意",因为麦克纳米不相信在脸书的元宇宙平台之中扎克伯格不会滥用他的权力。

7.3.2 关于元宇宙文明的猜想

在罗布乐思平台招股计划书提出的"元宇宙八大特征"中,"文明"成为元宇宙最后一项概念的描述。按照百科中对"文明"一词的定义,它应该是"人类历史积累下来的有利于认识和适应客观世界、符合人类精神追求、能被绝大多数人认可和接受的人文精神、发明创造的总和"。

目前的元宇宙平台和一个独立的文明相比,显然还有很大的差距。我们先简单从文明的几个组成要素——语言、种族等入手,来分析一下未来的元宇宙文明。

1. 元宇宙里的语言

毫无疑问,英语作为全世界使用范围最广的语言,同时也是计算机语言的载体,将在元宇宙中起到最关键的作用。而中文、法文、德文等语言因有着庞大的使用人群,同样也有用武之地。随着翻译软件的功能越来越强大,未来的元宇宙居民将无须担心交流问题,可以展开实时对话和沟通。

例如,Meta 就在元宇宙世界中打造了一款名为 Builder Bot 的人工智能产品,其中便有一个可以进行数百种语言翻译的通用语音翻译器。图 7-24 所示为 Builder Bot 展现的虚拟世界效果。

图 7-24　Builder Bot 展现的虚拟世界效果

但是,一些小语种可能会在元宇宙中面临传承困难的问题,例如非洲乌干达南部地区通行的卢甘达语。图 7-25 所示为卢甘达语字母。

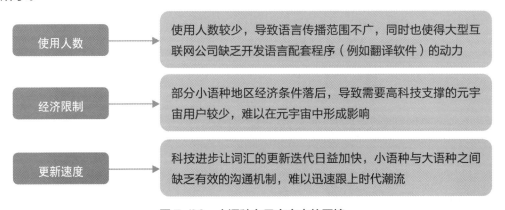

图 7-25　卢甘达语字母

目前共有 300 万乌干达人会讲卢甘达语,尽管这种语言被脸书通用语音翻译器收录,但在元宇宙中依然难以发挥其价值,这也是大部分小语种的困境,如图 7-26 所示。

使用人数	→	使用人数较少,导致语言传播范围不广,同时也使得大型互联网公司缺乏开发语言配套程序(例如翻译软件)的动力
经济限制	→	部分小语种地区经济条件落后,导致需要高科技支撑的元宇宙用户较少,难以在元宇宙中形成影响
更新速度	→	科技进步让词汇的更新迭代日益加快,小语种与大语种之间缺乏有效的沟通机制,难以迅速跟上时代潮流

图 7-26　小语种在元宇宙中的困境

2. 元宇宙里的种族

世界上有血统各不相同的民族,进而组成了国家的政治实体。但是在元宇宙里,以血统作为纽带的民族界限将会变得模糊,元宇宙用户可以随意挑选不同肤色、不同性别的虚拟形象,甚至可以选择不同的物种。

例如,日本任天堂公司所发布的《动物森友会》游戏中,虽然有男女角色划分,但是人物形象已被中性化,如男性角色可以穿着女性服装,没有任何限制;而游戏里的非玩家角色也都是拟人化的动物形象。图7-27所示为《动物森友会》游戏中的虚拟形象。

图7-27 《动物森友会》游戏中的虚拟形象

然而,当一部分应用在模糊虚拟化身特征时,同样有一部分应用在尽力还原现实世界中的一切,以达到身临其境的效果。而这也就导致现实中的种族观念容易被延续到元宇宙世界中来。

此前曾曝出过女性骚扰事故的元宇宙平台Horizon Worlds同样也面临着种族歧视的指控。由于平台可以对个人的肤色和外貌特征进行详细刻画,曾有黑人玩家表示,当他登录平台时,就从公共频道中听到了十分不友好的声音,但因为玩家众多,导致他并不知道是谁在进行语言攻击。图7-28所示为Horizon Worlds中不同肤色的玩家形象。

总的来说,元宇宙可能会成为进步主义者交流的理想之地,这里的身份、阶级、历史和地理限制会被不断地缩小,在未来或许会有更富想象力的数字化身出现。然而它们同样会受到现实观念的影响,这是因为元宇宙社会与现实社会不可分割,文明亦是如此。

图 7-28　Horizon Worlds 中不同肤色的玩家形象

第 8 章

热门领域，实战应用

元宇宙已经有了数不清的故事，本章将从各个领域分析当前元宇宙在实战中的应用。不同领域对元宇宙的需求各不相同，但相信读者能感受到元宇宙为这些领域带来的生气与活力。

8.1 元宇宙在传媒与娱乐中的应用

当前人们对元宇宙的体验，主要是传媒和娱乐两个领域，它们的发展会进一步加速元宇宙观念在公众间的普及。

8.1.1 跨媒体叙事扩展的新视野

2003 年，美国媒体学者亨利·詹金斯（Henry Jenkins）首次提出了跨媒体叙事（Transmedia Storytelling）的说法。

何谓跨媒体叙事？这是随着传媒技术高速发展所诞生的产物，它主张在娱乐内容项目企划过程中，充分考虑用户在电视、出版、电影等不同媒介平台的内容体验需求，进而打造一个统一的世界观。这些平台生产的内容将相互独立，但是却与故事主线高度关联，让角色更加丰满。

例如，美国拳头游戏公司（Riot Games）所开发的游戏产品《英雄联盟》（League of Legends）已经成为全世界最为热门的竞技网游之一。近年来，拳头公司致力于围绕游戏推广电竞比赛、游戏周边，甚至是同人电影、小说，从而形成了自己独特的文化。英雄联盟总决赛更是成为全球规模最宏大的三大电竞比赛之一。图 8-1 所示为英雄联盟游戏界面。

图 8-1 英雄联盟游戏界面

但要说明的是，跨媒体叙事虽然必须借助多种媒介，但并非单纯意义上的多媒体叙事。多媒体叙事只从多个角度描述事件本身，然而跨媒体需要通过现有的内容进行延展。因此，跨媒体叙事需要具备 3 个要素，如图 8-2 所示。

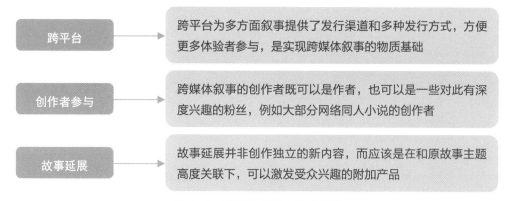

图 8-2 跨媒体叙事的 3 个要素

而元宇宙中的技术，可以让跨媒体叙事更加快速地发展，极大提高观众的沉浸感。回到此前关于《英雄联盟》的话题，拳头公司就专门推出了以游戏中女性角色玩家组成的虚拟乐队 K/DA，并将她们通过增强现实技术投射到现实环境中，引发了游戏圈极大的轰动，如图 8-3 所示。

图 8-3 拳头公司推出的虚拟乐队 K/DA

此类案例还有很多。电影巨头华纳公司正与其他元宇宙平台展开合作，推出 DC 漫画实体交易卡等项目，并大力发展游戏部门。另外一家影视大平台网飞，同样在近年成立了游戏部门。

从这一系列大型公司的操作不难看出，它们正致力于将产品打造成功能齐全的多元宇宙，构建一个让玩家流连忘返的世界，以保证其文化市场的经久不衰。元宇宙是实现这一理念的最好搭档。

8.1.2 虚拟现实电影的蓬勃发展

1952 年，一部描述非洲探险的电影《非洲历险记》横空出世，这也是人类历史上第一部 3D 电影长片，尽管当时的影评人士认为这部电影剧本"廉价荒谬"，却依然无法阻止观众去体验身临其境的视角。在《阿凡达》等电影上映之后，3D 电影和后到的 IMAX 已经成为电影界的主流趋势，比起传统的 2D 屏幕，它们更加注重为观众带来体验感。

但是，电影发展之路并未结束，而虚拟现实电影正是随着 VR 设备普及而发明的新电影模式。和 3D 电影相比，虚拟现实电影有两项重大突破，如图 8-4 所示。

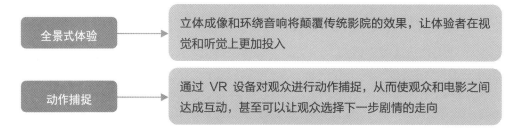

图 8-4 虚拟现实电影的两项重大突破

2016 年 9 月，美国艾美电视奖将"优秀原创互动项目"奖项颁发给了由 VR 大厂 Oculus 制作的 VR 电影 *Henry*，这一部画风类似于皮克斯系列的动漫作品，成为当年口碑最好的动画之一。图 8-5 所示为 *Henry* 动漫形象。

图 8-5 *Henry* 动漫形象

在这部 VR 电影中，通过头显装置，玩家可以看到一个小刺猬在屋子里不停地忙碌，并尝试和各种小动物交朋友，情节温馨，让人感动。

到了 2019 年，在意大利举办的第 76 届威尼斯国际电影节上，由导演 Celine Tricart、Gloria Bradbury 两人拍摄的真人交互短片 *The Key* 被评选为电影节最佳 VR 作品。图 8-6 所示为 *The Key* 在 VR 设备中的显示画面。

图 8-6　*The Key* 在 VR 设备中的显示画面

The Key 是一部以难民为主题的电影，影片全长 15 分钟。玩家将跟随电影主人公 Anna 的梦境，前往一片普通房间大小的体验环境，在这里玩家可以与安娜展开自由互动。

在此之后，包括威尼斯电影节、翠贝卡国际电影节等知名活动均推出了 VR 影视作品的奖项，而虚拟现实电影也开始覆盖动漫、喜剧、爱情、科幻等多个方面。虽然虚拟现实电影有着出色的剧本和创作，但是相比于传统拍摄方式，依然面临着 3 个困难难以解决，如图 8-7 所示。

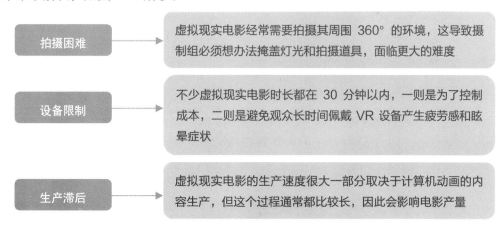

图 8-7　虚拟现实电影难以解决的 3 个困难

但是，随着众多大型公司的投入以及 VR 设备的研发、改进和普及，虚拟现实电影终将迎来更加广阔的空间。

8.1.3 火爆的线上演唱会

2020 年 4 月，游戏《堡垒之夜》开发商 Epic 平台发布一则通告，《堡垒之夜》游戏将与著名说唱歌手 Travis Scott 进行合作，在一周后奉献一场前所未有的线上演唱会，有趣的是，官方在描述这场演唱会时，还特别用到了"Astronomical（极其巨大）"一词。

事实证明 Epic 所言不虚，4 月 24 日观看这场演唱会的在线人数竟然达到了 2770 万人，相当于 305 个鸟巢体育馆能容纳的观众人数。其中，包括 1200 万名在游戏中直接参与的玩家，以及 300 万名在直播平台上观看的用户，这次演出创造了线上演唱会人数的纪录。

演唱会开始阶段，Travis Scott 的虚拟化身巨人从天而降，伴随着极光、烟花等各种绚丽的色彩效果，给观众一种十分强大的冲击感。图 8-8 所示为 Travis Scott 演唱会现场画面。

图 8-8 Travis Scott 演唱会现场画面

受到大流行影响，各家明星纷纷将演唱会推迟，或者像 Travis Scott 一样将演唱会转移到了线上。而在元宇宙中举办演唱会的并不只有 Travis Scott 一人，各个虚拟平台也积极帮助歌星筹办对应的线上活动。

例如，歌星 Justin Bieber 同样与虚拟音乐会公司 Wave VR 进行合作，举办了一场 30 分钟的元宇宙演唱会，如图 8-9 所示。

图 8-9　Justin Bieber 举办的"元宇宙演唱会"

这场演唱会的虚拟舞台千变万化，可以同时呈现大海、高山、沙漠等场景，并允许用户从各个角度对演唱者进行观赏。而 Justin Bieber 穿着带有惯性动作捕捉系统的服装，以便让数字化身的姿势与现实中主角动作保持高度的协调和同步。图 8-10 所示为 Justin Bieber 数字身份与现实的对比。

图 8-10　Justin Bieber 数字身份与现实的对比

如今 Justin Bieber 是社交平台 Instagram 上最热门的男性歌手，其平台粉丝数量已经超过 1.3 亿，拥有极强的话语影响力。而 Justin Bieber 与 Wave VR 之间的合作，可谓是一场双赢案例。

Justin Bieber 在线上开演唱会，不仅减少了疾病传播的风险，同时也满足了全球歌迷在虚拟世界中与偶像展开互动的心愿，打破了现实演唱会的局限性。而 Wave

VR 借助 Justin Bieber 的名气，打响了自身的品牌，发展了更多用户。

不仅仅是演唱会，包括音乐会、戏剧、舞台剧等各种艺术文化，都在元宇宙中开始了初步的尝试，线上舞台也会随着 VR 用户的增多发展得日趋成熟。

8.2 元宇宙在教学中的应用

文明的进步速度，很大程度上取决于知识传播的速度和生产效率，教育行业将会成为元宇宙的下一个主阵地。

8.2.1 高效互动的在线教育平台

受大流行的影响，全世界教育行业遭受了惨痛的打击，仅在 2020 年一年，全世界约 16 亿学生的学业被影响或者中断，人数相当于全世界学生的 91%。与此同时，线上教育也迎来快速增长，MOOC（Massive Open Online Courses，大型开放式网络课程）等原本已经在世界各大高校应用的在线教育方式得到了广泛的应用。图 8-11 所示为中国大学 MOOC 开发的相关课程。

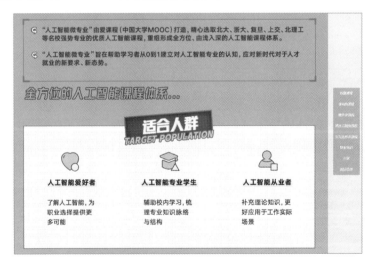

图 8-11 中国大学 MOOC 界面

2020 年 5 月 26 日，韩国教育部发布了《科学、数学、信息与复合教育综合发展计划》，致力于在全国范围内设置通过 AI、VR 等技术运行的"智能科学教室"。韩国教育部透露的信息表明，该教室的设立是为了解决学生数学成绩差、基础弱的问题，而 VR 等设备可以帮助学生更加直观地了解函数和几何等比较复杂的数学概念。人工智能可以具体分析出学生成绩落后的原因，预计 2024 年将会有 1000 所学校设立复合教育空间。

但是，传统在线教育视频存在的一个重要问题是，上课缺乏互动，而且内容只能通过屏幕传递，导致授课方式枯燥，难以引发学生兴趣。

因此，一些教育平台开始研发可以寓教于乐的软件。2021年，罗布乐思发布了课堂模块（Classroom Mode）的测试版本，如图8-12所示。

图8-12 罗布乐思发布的课堂模块

罗布乐思将为通过认证的教育工作者提供创建私人服务器的权利，平台用户可以花费几分钟时间下载这个模块。在课堂之中，学生和老师之间可以实现对等的互动交流。未来的罗布乐思还计划开发3款面向大、中、小学生的"教育类游戏"，并融入计算机科学、工程、生物医学、太空探索等内容，以便让孩子在玩耍的同时也能够学习对应的知识。

8.2.2 斯坦福的"元宇宙第一课"

2021年12月，美国斯坦福大学教授杰利米·拜雷森（Jeremy Bailenson）推出了一款编号为COMM 266/COMM 166、名叫"虚拟人"的课程。这是历史上首个以完全虚拟现实作为背景的课程，共有263名学生参与学习。

根据拜雷森教授的介绍，这样一门功课绝对不是单纯的"玩玩VR设备"而已，VR是课程的基石，它要求学生一个学年之内的课时总长在3300小时以上。每一名参与课程的学生，都会获得斯坦福大学统一采购的Oculus Quest2 VR头显以及配套的双手柄。

"虚拟人"的课程内容相当宏大，涉及流行文化、工程学、行为科学等多个领域。图 8-13 所示为"虚拟人"的上课画面。

图 8-13 "虚拟人"的上课画面

在课堂上，教授将会带领学生进行各种科学实验，可以 360°全景观察海洋和沙漠风景，可以在 VR 的视角下上体育课。而在"虚拟人"课程的社会学教学内容中，学生甚至需要扮演一名叫 Michael Sterling 的黑人，以第一视角感受他从小到大面临的歧视困扰，如图 8-14 所示。

图 8-14 学生在课程中扮演 Michael Sterling

拜雷森教授设置的这门课程并不要求专业性，参加这门课程的学生可以来自斯坦福院校的不同专业，相信"虚拟人"将会带给他们前所未有的新鲜体验，这也将给予世界各大高等教育机构很好的启发。

8.2.3 身临其境的操作场景

传统教育当前的一个困境在于，课本中的知识难以在实际环境中进行演示，尤其是偏远地区的学校，更是缺乏实验室器材和设备。但如果将实验室搬到元宇宙中，通过虚拟现实、增强现实、数字孪生等元宇宙技术，却能够获得相当好的教学效果。

国内外已经有一些教育平台开始设计与课本配套的课程，通过现场实验的方法，培养学生的科学素养。例如，国内矩道科技打造的矩道小学科学 XR 虚拟教学系统软件，就是一款面向中小学生的学习工具。图 8-15 所示为 XR 虚拟教学系统软件界面。

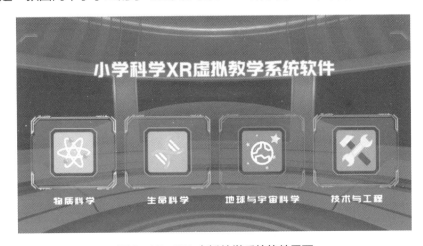

图 8-15　XR 虚拟教学系统软件界面

虚拟教学系统同样可以运用到更加危险的教学环境，让使用者无须面临危险便能获得想要的效果。图 8-16 所示为某 VR 消防教育展示画面。

图 8-16　某 VR 消防教育展示画面

综上所述，我们可以了解虚拟教学系统的众多优势：首先，它提高了教学效率，复合媒体教学形式显然要比单一的文字图片教学高效不少；其次，它降低了高技术教育的成本，同时还规避了化学、物理等领域的实验风险。

8.3 元宇宙在医学中的应用

几乎每个新诞生的技术，都被人们寄予了可在医学领域发挥作用的厚望，毕竟生命的延续才是重中之重。美剧《上载新生》中构建了在元宇宙中永生的美好愿景，那么它在现实中能否实现呢？又能为医学带来怎样的帮助呢？

8.3.1 无处可藏的疾病

医生想要对一个病人进行治疗，必须先确定他的病因，而 VR 医疗为医生提供了更加透明的视野。例如，Surgical Theatre 是现今 VR 医疗服务的龙头企业，它可以通过最新的成像技术，对患者身体进行 3D 扫描建模。

这种手段可以用于治疗癌症，方便医生通过模型了解肿瘤的情况，并确定下一步治疗方案。图 8-17 所示为一名脑科医生正在使用 Surgical Theatre 服务进行诊断。

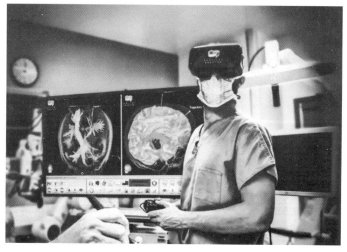

图 8-17　脑科医生正在使用 Surgical Theatre 服务进行诊断

建模不仅能够帮助医生定位病灶和提供引导，在治疗康复上也发挥着同样的作用。

例如，瑞典数字孪生联合会提出，可以构建一个和患者身体特征、疾病机制完全一致的数字孪生体，然后再由计算机模拟上千种药物对孪生体进行治疗的效果，从而确定最佳的治疗方案。图 8-18 所示为数字孪生药物治疗的原理。

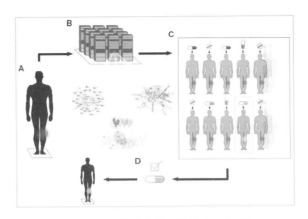

图 8-18 数字孪生药物治疗的原理

根据医疗大数据平台 Rock Health 的统计，2021 年共有 11 起对整合 VR 或者 AR 技术的数字健康初创公司进行的投融资，其涉及金额达到 1.98 亿。虽然这个数字在整个医疗领域中微不足道，但比 2020 年已经上涨两倍，也期待它在接下来的时间发挥自己的价值。

8.3.2 线上治疗的可行性方案

不少医院现已开通了智慧医疗系统，患者在手机上便可以完成挂号、缴费、查看化验结果等操作。一些医院智能程序更是开通了线上问诊功能，患者足不出户便可以向医生咨询意见，如图 8-19 所示。

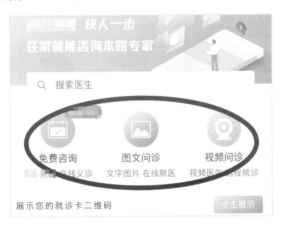

图 8-19 医院的线上问诊

在元宇宙中，医疗系统可以整合起来，从问诊流程到支付方式完整执行，这可以帮助患者突破地域限制，获得最好的治疗效果。

虽然线上问诊可以有效解决看病难、路途远的问题，并且能够得到权威性专家的解答，但单凭文字和图片并不能有效确定问题所在，因此线上看病还必须借助一系列科技设备的帮助。

例如，为宇航员专门设计的航天服中，有专门的医学检测仪器来检测穿戴者的心电图、血压等参数，并及时反馈给地面人员，从而获知他们的身体状态。

而线上问诊系统同样可以设计一套智能穿戴系统，并搭载心电图检测、无创血糖检测等功能，这些服务尤其适合中老年人、慢性病患者和独居群体。图 8-20 所示为某款为线上问诊提供服务的智能穿戴设备。

图 8-20　某款为线上问诊提供服务的智能穿戴设备

元宇宙与医疗的结合将会是医学领域的又一个重大突破，它也是为患者织出的一道细密的保护网，最大限度地保障了人们的生命健康。

8.3.3　探讨元宇宙永生的可能性

长生不老几乎是所有人的梦想。从科学的角度，目前理论上可信的一种观点是将人类的意识从肉体上传到可以更换零件的机器，实现意识的永久数据化，也就是所谓的"机械飞升"。

但是，想要实现这一目标，首先需要让意识直接进入虚拟世界。目前，人类对于大脑结构尚未完全了解，大脑内部一共有 860 亿个神经元，并有超过数万亿个连接，想要复制数字化大脑将会是一件无比困难的事情，目前的相关研究只涉及分子领域。除此之外，信息传递同样离不开脑机接口的发展。图 8-21 所示为当前的无创脑机接口设备。

但是，包括马斯克等人投资的 Neuralink 公司在内，目前的方向依然是通过脑机接口装置解决一定的医学问题，例如感觉缺陷、肢体运动障碍带来的不便等。想要如同电影《黑客帝国》中那样将整个意识完全沉浸转移到虚拟世界之中，依然是一个虚拟的概念。

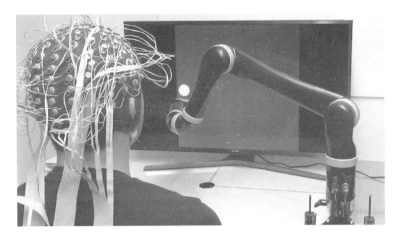

图 8-21 无创脑机接口设备

从哲学的角度上来看,人从虚无中来,将回归到虚无中去,如果全体人类实现永生,那么终有一天空间将会过于拥挤,社会的新陈代谢也将停止。要想让意识脱离肉体的束缚更是难于登天,关于元宇宙实现永生的话题,目前也只能进行一种不深入的猜想。

8.4 元宇宙在职场中的应用

职场环境下,任何技术的应用都是以提高生产效率为主要目的,而元宇宙能够让职场产生怎样的化学反应呢?本节将带大家一起来探讨这个问题。

8.4.1 在元宇宙中选拔人才

2022年3月,上海数据交易所宣布将启动一场别开生面的"元宇宙全球招聘会",计划招聘50个专业共计150名雇员,提供交易组织管理部、市场发展部、数商管理部等9个部门岗位。这是自2021年上海数交所成立以来首次对外招聘。

参加这场"元宇宙全球招聘会"的面试者,并不用亲自到达现场,只要扫描海报二维码,佩戴好VR装置,就可以通过虚拟化身自由出入"招聘大厅"。图8-22所示为"元宇宙全球招聘会"现场。

在这场招聘会中,面试者会在虚拟形象引导员的引导下,浏览多块光板上的公司介绍、岗位责任等信息,并可以与面试官展开对话交流以及发送自己的简历。

这样的招聘会将省去大量交通成本,提高面试的效率。和传统线上面试不同,在元宇宙中进行面试,可以帮助面试双方深入了解彼此,求职者可以更加详细、具体地获得公司信息,而招聘者同样能对求职者进行综合素质能力的评定。

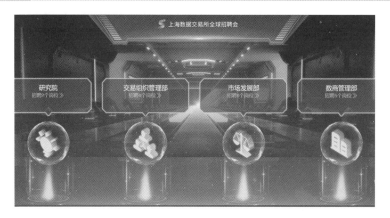

图 8-22　"元宇宙全球招聘会"现场

例如,未来的汽车企业就可以在元宇宙招聘中加入汽车考核的问题,要求求职者进行操作,以考验他们的实际能力。图 8-23 所示为某款智能汽车设计软件。

图 8-23　某款智能汽车设计软件

想要实现元宇宙招聘,面试单位和求职者必须都具备一定专业素养。因此开展元宇宙面试的头一批公司,很可能以高新技术企业为主。

8.4.2　元宇宙办公热潮

脸书开发出元宇宙办公软件 Horizon Workrooms 之后,又在这款软件中推出了实时翻译、转录文字、线上方案共享等多项功能,受到了不少企业关注。图 8-24 所示为某企业在 Horizon Workrooms 中的办公场景。

而互联网巨头微软公司也不甘落后,2021 年 12 月,微软推出了全新元宇宙办公平台 Mesh for Teams 方案,这个方案结合微软此前推出的 Microsoft Mesh 混合现实功能，允许人们在 Mesh for Teams 中进行写作，展开回忆，并共享文档。图 8-25 所示为 Mesh for Teams 中的办公场景。

图 8-24　Horizon Workrooms 中的办公场景

图 8-25　Mesh for Teams 中的办公场景

2022 年 2 月 14 日，微软宣布了一条万众瞩目的消息：从本年度 3 月 1 日开始，公司旗下的职能部门可以按照实际管理需求，开始逐步推行 1~2 天的线上办公。这是微软向未来元宇宙办公迈出的第一步，公司旗下的 Mesh for Teams 平台也会在这种环境中得到很好的应用。

元宇宙办公不仅能在虚拟世界中进行，也能在现实社会中产生作用。2022 年 2 月，国内第一个元宇宙创意园区办公场景在上海虹口的柏航德必易园正式上线，如图 8-26 所示。

图 8-26　柏航德必易园的元宇宙创意园区办公场景

当办公人员打开手机或者是戴上 AR 眼镜，便可以在办公区内看到五花八门的现代元素，包括路线导航和公司标示，还有各种林立在街边的商业巨型广告。在这一片元宇宙空间之中，每家公司都可以定制专属的个性化空间。而虚拟向导还可以为前来参观的客户介绍每一栋建筑的详细资料，包括楼栋的办公面积、承租企业和合作渠道，等等。

8.5　元宇宙在文化行业中的应用

在 1947 年出版的《启蒙辩证法》一书中，文化产业（Culture Industry）一词首次出现，它既是一种特殊的文化形态，也是一种特殊的经济形态，意味着人类的审美生产与消费已经开始出现了规模化的效应。在元宇宙中，这种效应将会更加明显和独特。

8.5.1　虚拟展厅有望取代博物馆

博物馆作为为公众提供知识、教育和文化欣赏的机构，一直是世界各地的重要文化景点。但是对于只想赏析艺术品或者是了解其概念的参观者而言，虚拟展厅或许是比博物馆更好的选择。图 8-27 所示为虚拟展厅的 5 个优点。

2018 年，国内第一家以铜作为主题的数字体验馆——中国数字铜博物馆在安徽铜陵市建成，体验者可以通过 VR 设备领略中国古代灿烂的铜文化，并能在线上欣赏一件件古典精致的青铜器。图 8-28 所示为中国数字铜博物馆部分场景。

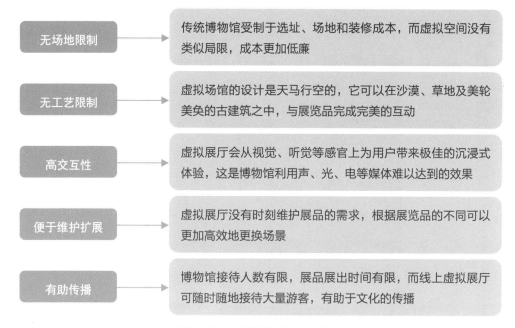

图 8-27 虚拟展厅的 5 个优点

图 8-28 中国数字铜博物馆部分场景

在巴黎的著名建筑罗浮宫中,每年有将近 600 万游客前往参观,只为一睹蒙娜丽莎女士的芳容。2019 年 10 月 24 日,在罗浮宫举办的"达·芬奇艺术生涯回顾展"中,展览方打造了首个 VR 体验项目——《蒙娜丽莎:越界视野》,体验者在 VR 世界里能详细观看画像的细节,不会感受到现实观展中的拥挤;随着时间的推进，蒙娜丽莎甚至会走出画框，带着体验者一起飞向天空。图 8-29 所示为《蒙娜丽莎：越界视野》VR 展示场景。

图 8-29　《蒙娜丽莎：越界视野》VR 展示场景

由于《蒙娜丽莎》画像无法到世界范围内巡回展出，成为不少艺术爱好者的遗憾，虚拟展览则给了参观者亲身经历的机会。

但是，虚拟世界中的传统艺术展览终究缺少亲自到场的体验感，所以不少虚拟展厅更加注重科技方面的展示。例如，国内一家名为普乐蛙的 VR 公司就专门提供了航空航天体验馆的展览设备，如图 8-30 所示。

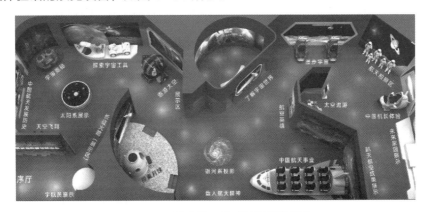

图 8-30　航空航天体验馆的展览设备

此类展览馆将更容易发挥自己在科技方面的优势，为参观者带来优质的体验。

8.5.2　NFT 在文化用品圈一枝独秀

在元宇宙世界中，凭借不可分割、不可替代的特性，NFT 将会成为文化用品圈最受欢迎的宠儿，它已经被广泛运用到绘画、音乐、礼品、游戏等领域。图 8-31 所示为八爪娱世界在 2021 年 3 月 17 日推出的 NFT 限定潮玩"牛.艾克斯 N.X"，预售半日便被抢购一空。

图 8-31　NFT 限定潮玩"牛.艾克斯 N.X"

截至 2021 年 12 月，NFT 项目的累计成交额已经超过百亿美元。通过 NFT 模式，数字资产的创作、确权、交易等功能将会更加方便，而 NFT 对于渴望个性的年轻人而言，更有着别样的魅力。因为其可以满足人们心中的占有欲，所以 NFT 迅速占领了文化用品圈。

元宇宙在各方面的应用还有很多，而本章只节选了部分案例，相信读者在探索中会发现它的更多魅力。

第 9 章

社会变化,影响意义

学前提示　在前文中我们已经逐渐感受到元宇宙对各行各业带来的影响和改变,而本章将会进行归纳和总结,从不同的角度看看元宇宙将会为人类社会创造怎样的价值,并探讨人们的生活在元宇宙的影响下将会以何种方式进行。

9.1 元宇宙里的智能城市

世界各地的城市正在展开激烈的元宇宙应用追逐,当各行各业开始利用元宇宙提高效率时,人类文明可能会同时迎来众多元宇宙城市的落地。

9.1.1 首尔希望成为元宇宙第一城

2021年,韩国首尔市发布了《元宇宙首尔五年计划》,引发了全球的广泛关注。韩国也成为世界上首个将元宇宙概念纳入城市规划,并与传统政务结合的国家。

韩国政府在这份计划书中表示,整个计划将会分为"起步""扩张""完成"3个阶段,在2022—2026年打造首尔的元宇宙服务生态。

随着首尔市计划的发布,韩国相关概念股随即飞涨。例如,韩国虚拟特效开发商Giantstep的股价从2021年3月上市开始,已经上涨了1200%,如图9-1所示。

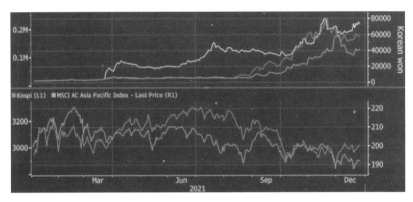

图9-1 上涨1200%的Giantstep股价(数据来源:Bloomberg)

以这份计划书作为蓝图,韩国政府构建首尔元宇宙城市的目的,是为了实现如下3个目标。

1. 提高城市竞争力

通过元宇宙平台,首尔市能够更好地吸引外资,并搭建一个培养科技、金融等产业的线上集群,外国投资商可以在这个集群中利用虚拟替身进行访问,展开虚拟会议,并开展投资、创业等相关活动。为此,首尔还计划打造一个"首尔金融高科技实验室"平台,作为首尔元宇宙商业的承载空间。

2. 加强城市行动力

韩国计划利用元宇宙提高城市行政效率,例如,在元宇宙中心构建市长办公室,可以让市民通过 VR 头盔，直接和市长展开对话并反馈意见。

首尔还计划在元宇宙中开设虚拟综合办事大厅，以网络形式为市民提供业务和商谈服务，这样可以极大提高首尔市政府的行政办公效率，减少相关部门的人口流动。如今，首尔市政府主页已经提供网上办理业务，并支持多种语言，如图 9-2 所示。

图 9-2　网上办理业务

首尔市政府希望能够借助元宇宙的发展，降低大流行时代下疾病传播所带来的风险。

3. 扩大城市吸引力

首尔市计划将城市打造得更有科幻感，吸引更多游客，从而带动旅游业和商业的发展，如将敦义门、贞洞等一些传统景点搬运到虚拟平台"观光首尔"中。此外，韩国同样在元宇宙中加入该国的特色时尚潮流文化。例如，韩国本土元宇宙平台 ZEPETO 推出的虚拟化身，就拥有浓浓的韩式穿搭风味，如图 9-3 所示。

图 9-3　元宇宙平台 ZEPETO 推出的虚拟化身

和其他平台不同的是，目前 ZEPETO 已经吸引了 2.4 亿用户，其中超过 70% 的用户为女性，她们在时尚平台的消费能力显然比男性更高。

自 2020 年以来，首尔市已经开展了一些智能化建设，包括市政府安装的 149 个智能路灯杆，如图 9-4 所示。

图 9-4　韩国智能路灯杆

这些路灯配备有基于闭路电视的摄像头、免费 Wi-Fi 以及物联网传感器，可以监测车祸或者街头犯罪等异常情况。根据首尔市区的预算，这些智能灯杆会帮助政府节省 12%的运营费用。

但是，在首尔大刀阔斧的改革之下，对于首尔"元宇宙城市"的质疑声也不断传来，如图 9-5 所示。

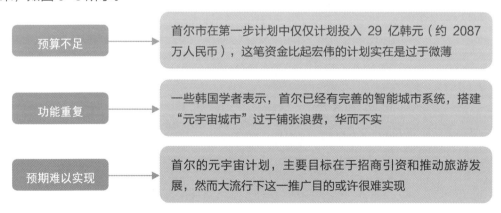

图 9-5　对首尔"元宇宙城市"的质疑

由此可见，首尔"元宇宙第一城"的想法，显然不如计划表上的预期乐观。

9.1.2　其他城市对元宇宙的发掘

正所谓"一口吃不成胖子"，除韩国首尔之外，目前世界其他城市对于元宇宙的探索，显然更加注重部分功能的应用。

以国内为例，2021 年 12 月 30 日，《上海市电子信息产业发展"十四五"规划》发布，元宇宙被上海列入了电子信息产业的发展重点，其主要研究方向是深化感知交互的新型终端研制以及系统化的虚拟内容建设。

建设元宇宙的主体不仅是政府，也包含各大高新技术企业，因此上海市在整理 60 多家"元宇宙"企业的诉求之后，开始逐步制订"元宇宙三年行动计划"，为这些企业提供便利。

例如，上海松江区为腾讯公司提供了 236 亩的土地，以建立腾讯长三角人工智能超算中心。预计腾讯投资将超过 450 亿元人民币，这个超算中心会客观促成腾讯元宇宙各项技术服务的落地，包括图像处理、计算工程人物、大规模智能算法等技术。图 9-6 所示为腾讯长三角人工智能超算中心示意图。

图 9-6　腾讯长三角人工智能超算中心示意图

2022 年 1 月 7 日，北京市经济和信息化局表示，北京会推动组建新型创新联合体，以方便建设和探索元宇宙产业聚集区。

在国外，芬兰的赫尔辛基、美国的拉斯韦加斯州、土耳其的安卡拉等地，正在基于 XR Master 项目打造一款扩展现实系统。

和此前大多数单机运行的 XR 产品不同的是，这款扩展现实系统基于 AR 云技术，能让城市中的所有用户进行内容制作和分享。图 9-7 所示为 AR 云技术在现实中的应用。

图 9-7　AR 云技术在现实中的应用

通过 XR Master 项目，人们可以在几个城市中使用 5 种虚拟交互功能，如图 9-8 所示。

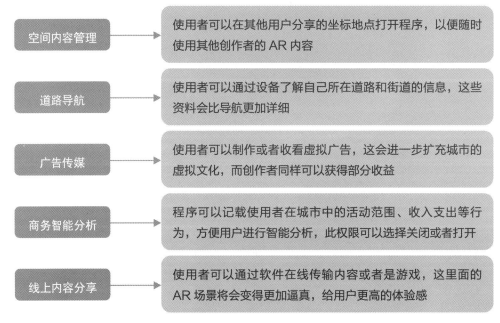

图 9-8　XR Master 项目使用的 5 种虚拟交互功能

目前，XR Master 项目仍然处在试验阶段，但可为在这些城市中生活的人们提供更多连接上的可能性。

元宇宙城市的建立，暂时还没有改变传统城市经济学的本质，但在可以预见的将来，它对于地缘经济发展格局显然会有突破性的改变。如何通过元宇宙满足城市居民的刚需问题，解决群众在生活中遇到的不便和困难，是决定元宇宙城市能否发展成功的重要一环。

9.1.3 未来元宇宙城市的展望

2022 年 2 月 28 日，日本 HIKKY 株式会社宣布了一个重大决定：他们计划将世界上最知名的 100 座大城市进行"元宇宙化"，让用户在虚拟世界中就能走遍地球的各个角落。图 9-9 所示为 HIKKY 株式会社打造的虚拟城市。

图 9-9 HIKKY 株式会社打造的虚拟城市

在这些虚拟城市之中，体验者将会成为城市的主人公，这些角色拥有极高的自由度，并可以做任何自己想做的事情。

从 2018 年开始，HIKKY 株式会社便在自己麾下的 VR 产品中打造了一款名为 Virtual Market 的活动，玩家可以在 Virtual Market 里面交易线上或者线下物品，吸引了包括 7-11 便利店在内的零售企业参与。

为了能够让更多的玩家参与这次活动，在 2020 年 12 月举办的第五届 Virtual Market 活动中，使用者甚至被允许使用"哥斯拉"虚拟身份来体验电影角色。图 9-10 所示为玩家正在 Virtual Market 中操控"哥斯拉"。

图9-10 玩家正在Virtual Market中操控"哥斯拉"

看上去 HIKKY 株式会社的元宇宙作品更加偏向于游戏类，但要在整个虚拟世界中复制一个相同比例的城市，是一件无比艰巨的事情，而这个系统在将来或许能够为城市的规划和建设提供更多的方便。

比起参照现实的作品，部分元宇宙初创公司更愿意凭空建造一座空中楼阁。例如，来自英国的哈迪德建筑事务所（Zaha Hadid Architects）干脆在元宇宙中建立了一处名为利伯兰的虚拟城市，如图9-11所示。

图9-11 虚拟城市利伯兰

然而，这块土地并非简单的虚拟空间，它已经被赋予了相当浓厚的政治意义，成为"利伯兰自由共和国（Liberland）"的衍生国。"利伯兰自由共和国"是一块位于欧洲的克罗地亚与塞尔维亚之间的有争议的土地，占地面积 7.7 平方公里，世界上没有任何国家对其宣布主权，直到 2015 年捷克人 Vít Jedlička 宣布在这块土地上成立"利伯兰自由共和国"。

尽管绝大部分国际机构和主权国家并不承认"利伯兰自由共和国"的地位，但是世界各地已有超过 50 万人通过"利伯兰自由共和国"网站申请成为利伯兰的一分子。这是因为 Vít Jedlička 致力于创造一个去中心化的开源政府，并计划将利伯兰所有的资产都放到区块链上进行管理，这样的做法让人耳目一新，而虚拟城市利伯兰便是其中关键一环。

人们可以通过加密货币购买虚拟城市中的土地并建立公司，现实世界中的"利伯兰自由共和国"也会承认这些虚拟资产所有权。除此之外，利伯兰政府的运行同样可在元宇宙中完成。图 9-12 所示为利伯兰的虚拟市政厅。

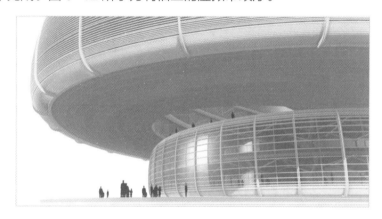

图 9-12　利伯兰的虚拟市政厅

尽管现实中的利伯兰依然一片荒芜，但虚拟世界中的它却已经是一座极具科幻感的未来之城，在元宇宙中的投入，同样也为利伯兰带来了一大笔意想不到的资金收入。当虚拟环境与物理环境难以分割，或许会让这片土地迎来新的发展机会。

9.2　元宇宙对环境的影响

2022 年 3 月 22 日，联合国秘书长于《经济学人》可持续发展峰会上再次发出警告，世界各国在《巴黎协定》中制定将未来升温限制在 1.5℃以下的目标，目前已经处在"重症监护"的状态。

自 20 世纪以来，全球变暖已经成为世界各国无法忽视的一个问题，而比特币开发的能源消耗也一度引发了无数人的担忧。那么，元宇宙的出现，对地球环境又会造成怎样的影响呢？

9.2.1 能源消耗或成潜在问题

杂志《能源效率》的一项研究发现,游戏同样会消耗大量资源。现如今游戏本占据了人类电脑总数的 2.5%,却占用了全球电脑能源消耗的 20%。这相当于 1.6 亿台冰箱在一年的消耗,需要 25 座发电厂为这些游戏提供动力。而游戏引擎性能的更新,更是不断刺激着耗电量的增长。图 9-13 所示为常见的游戏引擎品牌。

图 9-13　常见的游戏引擎品牌

到了 2020 年,法国兰卡斯特大学(Lancaster University)的一项统计预测表明,如果世界上有超过 30% 的电脑游戏玩家在 2030 年转向元宇宙平台,将导致相关碳排放量增加 30%,这是因为元宇宙游戏中更高分辨率的图像消耗了大量资源。

无独有偶,美国马萨诸塞大学(University of Massachusetts)的研究人员对一些大型人工智能模型进行评估,认为一个人工智能模型消耗的资源,相当于排放 62.6 万磅的二氧化碳。图 9-14 所示为基于人工智能模型运行的自动驾驶汽车。

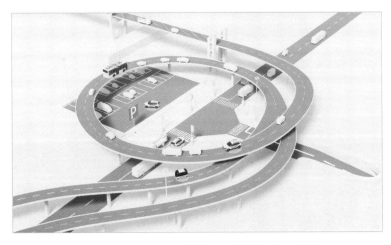

图 9-14　基于人工智能模型运行的自动驾驶汽车

未来的元宇宙将会由多个大型人工智能模型构建，再加上区块链、5G 等技术，会导致能源消耗速度的大幅上涨，这将成为一个无法忽视的问题。因此，一些公司开始注重节能减排以及可再生资源的利用。例如，元宇宙产业中的巨擘微软从 2020 年开始进行多元架构建设，以减少对资源的消耗。

微软计划到 2030 年实现水资源的零浪费，并开发一款绝热冷却（Adiabatic Cooling）智能系统。如果系统温度低于 29.5℃，系统将会用空气冷却系统代替如今常见的蒸发冷却系统，从而减少水的消耗。图 9-15 所示为当今常见的蒸发冷却系统。

图 9-15　当今常见的蒸发冷却系统

而谷歌公司同样做出承诺，计划在 2030 年完全使用可再生能源，为谷歌数据中心和办公室提供电力。图 9-16 所示为谷歌旗下的光伏发电设备。

图 9-16　谷歌旗下的光伏发电设备

尽管这些手段无法彻底解决能源问题，但是随着可再生能源和清洁能源的使用，未来的元宇宙可以将资源的损耗量降到最低。

9.2.2 为节能减排提供动力

元宇宙运行需要大量能源，但它同样为节能减排做出了自己的贡献。例如，线上会议和线上演唱会等项目，可以减少人们的出行，降低汽车尾气的排放。而火车、轮船、飞机等交通工具的司机可以在元宇宙中使用软件进行模拟训练，这也能减少一部分能源开支。图 9-17 所示为微软公司开发的"微软模拟飞行"程序。

图 9-17 "微软模拟飞行"程序

因此，元宇宙同样可以帮助人们减少多种形式的碳排放，这需要人们用综合客观的眼光去看待元宇宙对社会环保的影响。

9.2.3 环保企业在元宇宙中的转型

"元宇宙"一词的创始人，作家尼尔·斯蒂芬森的另外一部作品《终结冲击》（*Termination Shock*）在 2021 年出版，这本小说中描述了一个全球变暖后的世界，最终主人公不得不向天空喷射二氧化硫降温来解决问题。

在现实中，想要遏制全球变暖造成的危害，不可能只靠个人英雄主义，更离不开众多环保企业的努力。元宇宙对于环保企业有 3 个好处，如图 9-18 所示。

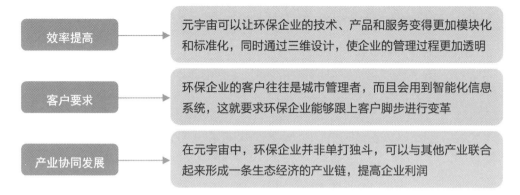

图 9-18　元宇宙对环保企业的 3 个好处

和其他行业相比,环保企业的业务更像是一项附属产品,而数字化技术方面也远远不如其他产业,因此必须与时俱进。在 2022 年的中国环博会上,环博会主办方与上海环境科学学会等机构,联合推出全球首个环保行业的"数智公园"。图 9-19 所示为 2022 年举办的环博会。

图 9-19　2022 年将举办的环博会

中国环博会是国内外数家环保企业和机构共同主办的联合展览,旨在向人们宣传和推送先进的环保产品、技术和方案。根据主办方的介绍,"数智公园"是一项结合物联网、5G 的融合科技技术,从感知、运算与平台、传输、应用等 4 个层面,展示在先进技术下环保企业可以进行改革的空间。

可以预见的是,智慧环保、智慧水利、交流生态环境大数据等创新经验会先后崛起,成为环保产业重要的一部分。

9.2.4 NFT 遇上碳环保

随着《联合国气候变化框架公约》补充条款《京都议定书》引入减少温室气体排放量的条款，意味着全世界碳排放量已经拥有了商品属性并可以进行交易。图 9-20 所示为当前国内碳排放交易流程。

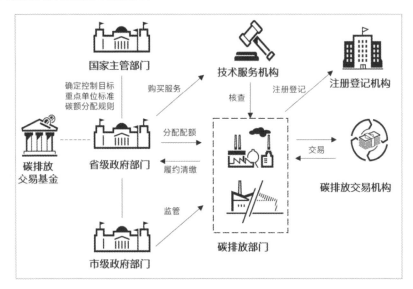

图 9-20　国内碳排放交易流程

但是，世界并没有一个可以全球流通的碳排放量交易平台，因此，有人想到了使用虚拟币来进行交易，碳币（Carbon Emission Trade Coin）随之诞生。

碳币创造者吸取了比特币耗电过高的教训，采用了算法改进系统，有效阻止了使用 ASIC 专用矿机和自动矿池等设备进行发掘，营造更加公平和环保的虚拟货币采集环境。

2020 年，在巴塞尔艺术展上，追踪世界各地区是否履行《巴黎气候协定》的开放地球基金会（Open Earth Foundation）推出一项 NFT 慈善艺术投放活动，拍卖 23 位艺术家所设计的 NFT 作品。慈善拍卖还引入两种全新的 NFT 形式，如图 9-21 所示。

例如，在这项慈善活动中推出的科科斯岛 NFT 作品就是一个标准的元宇宙产品，它是现实世界中哥斯达黎加科科斯岛的虚拟版本。数字艺术家 Will Selviz 创作的《没有水就没有时间》（*Sin Agua No Hay Tiempo*）NFT 动画，同样成为慈善活动中最受欢迎的作品之一，如图 9-22 所示。

最终拍卖活动募集到了共计 660 万美元的公益资金，它们将用于支持科科斯岛护林作业等减少碳排放的活动。

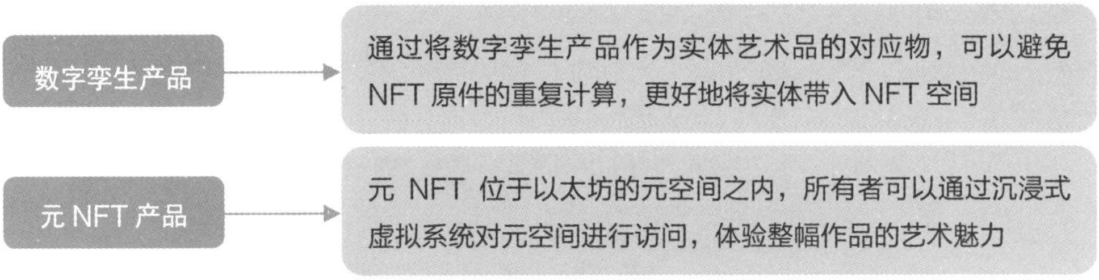

| 数字孪生产品 | → | 通过将数字孪生产品作为实体艺术品的对应物,可以避免 NFT 原件的重复计算,更好地将实体带入 NFT 空间 |

| 元 NFT 产品 | → | 元 NFT 位于以太坊的元空间之内,所有者可以通过沉浸式虚拟系统对元空间进行访问,体验整幅作品的艺术魅力 |

图 9-21 慈善拍卖会的两种 NFT 形式

图 9-22 NFT 动画《没有水就没有时间》

2021 年 3 月,数字艺术家 Beeple 表达对全球变暖担忧的作品 *Ocean Front* 再次卖出 600 万美元的高价,这笔款项同样捐给了开放地球基金会。图 9-23 所示为 *Ocean Front* 局部图。

图 9-23 *Ocean Front* 局部图

而游戏公司 Team17 所开发的 MetaWorms 系列 NFT 商品更加节约能源，在区块链上注册 10 万个 MetaWorms 产品所需的电量只相当于 11 个电热水壶一年所消耗的电量。图 9-24 所示为 MetaWorms 系列 NFT 产品。

图 9-24　MetaWorms 系列 NFT 产品

因此，先进技术并不一定是环境的破坏者，这将取决于人类如何运用。

9.3　在元宇宙中的一天

美国社会学家认为，如今的人类在互联网技术的帮助下，已经成为真正意义上的"C 世代"，即形容通过电脑教育（Computer）、依靠互联网沟通（Connecting），具有团队性（Community）、富有创造力（Create）和善于改变（Change）等特征的年轻一代。

人类在网络世界中的联系愈发紧密，但在现实社会中的距离却在不断拉开。在互联网时代，人们足不出户就可以获取自己想要的一切资料。当元宇宙的应用成熟之后，未来的人们将会通过元宇宙度过怎样的一天？我们大可以带入普通人的视角，看看他们是如何在元宇宙中生活的。

9.3.1　一个普通上班族的清晨

2070 年的某天清晨，张三从睡梦中被自己的智能人工助手叫醒，随即摘掉了贴在头上的智能睡眠仪，这款智能睡眠仪能够通过接触式传感器监测使用者的脑电、呼吸、血氧等数据，而且远比过去的睡眠仪简单，仅仅硬币大小。图 9-25 所示为 21 世纪初期的睡眠测量装置。

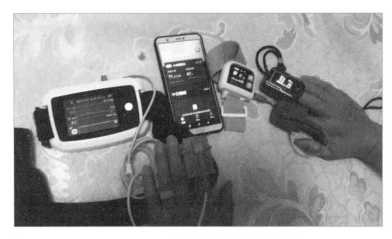

图 9-25 21 世纪初期的睡眠测量装置

装置上的数据表明,张三的身体已经从疲惫中进入最佳状态,于是他走入健身房开始晨练。张三戴上 VR 眼镜,进入了一款名为 Supernatural 的软件。出现在张三眼前的场景,并非狭窄的房间,而是伴随着轻松愉快的音乐随机生成的自然风光,如图 9-26 所示。

图 9-26 Supernatural 提供的虚拟健身场景

当张三挥汗如雨地完成一组有氧运动后,智能家居设备已经根据天气温度调节好了水温,张三洗了一个痛痛快快的热水澡。然后张三享用了智能厨房预热的三明治,打开电脑,开始紧张的工作。

9.3.2 忙碌进行时

在公司开设的虚拟早会中,领导对业绩不错的张三所在部门进行了重点表扬,但同时指出了云计算后统计出的一些产品问题,要求张三根据用户诉求提出修改方案。张三通过大数据整理软件,仔细检查了当前市场主流产品的优缺点,换上 XR 扩展现实眼镜为产品设计出改造方案,并让智能机器人完成了样品制造。图 9-27 所示为某款数字孪生智能制造系统。

图 9-27 数字孪生智能制造系统

领导很快批准了张三的方案,决定立即投入生产,此时千里之外的生产线上传了张三设计的图纸,智能机器人取代人力承担生产线上的所有工作,如图 9-28 所示。

图 9-28 流水线上的智能机器人

在完成图纸之后,张三总算获得了休息的时间。他打开外卖平台,为自己点了一份简餐和一杯咖啡。在 4 分钟之后，张三从装有定位器的窗口拿到了商家第一时间做出的饭菜，而这一切都是外卖平台基于"低空物流网络"计算，并通过无人机快速选择规划路线完成的。图 9-29 所示为饿了么外卖尝试使用无人机进行外卖配送。

图 9-29 饿了么外卖用无人机进行外卖配送

当时间来到下午，张三收到了领导派发的第二项任务：和一家外国企业洽谈合作。在云会议现场，经过一番激烈的讨论，客户最终同意了张三的方案，双方很快达成共识，在区块链上签署了一份智能协议合同。这份协议到时会自动执行，双方不用担心合同会出现违约风险。

9.3.3 工作后的放松时光

结束了一天的辛勤工作，张三总算能够长出一口气，他决定利用娱乐活动好好放松一下自己，于是打开了游戏平台。他高兴地发现，好友李四同样在线，两人决定前往火星探险。通过最真实的传感设备，张三搭上了虚拟空间的火箭，迅速来到了火星表面。图 9-30 所示为虚拟世界里的火星基地。

图 9-30 虚拟世界里的火星基地

张三和李四开着火星车,开始在火星表面自由探索。而这个火星构筑的虚拟世界,是人类通过扫描设备构建的一模一样的虚拟孪生体。与此同时,与地球相隔 5500 万公里的人类火星基地正缓缓驶出一辆火星车,而它正是张三、李四等人驾驶的火星载体,在接收 10 分钟的延迟指令后,火星车开始装载部分土壤,并展开对此地的化学分析。

很快,数据被上传到火星虚拟体验平台,它们将被系统采纳和分析,以做出更加逼真的火星模型。而张三也得到了一份元宇宙空间中的火星 NFT 纪念品奖励,上面详细记录了张三在火星上的运动轨迹和所创造的成就。

结束游戏之后,张三发现,自己的在线时间已经可以领取游戏厂商获取的通证。他先将这些通证通过交易所兑换成虚拟的以太币,然后再利用去中心化借贷系统创建的虚拟银行将以太币存入账户。

9.3.4 在元宇宙中度过夜晚

已经到了晚饭时间,张三准备给自己做一顿大餐。于是他打开美食平台,开始挑选自己想吃的食物,并在线上搭配食材。

等机器人将食材送达之后,张三再次设置程序,选择"蒸""炒"等方式,与此同时,智能厨房开始在程序的控制下进行操作,并根据张三设置的步骤完成食物烹调。图 9-31 所示为帝伯朗公司设计的元宇宙厨房。

图 9-31 帝伯朗公司设计的元宇宙厨房

在享受晚饭时,张三打开社交媒体,开始与家人进行通信。连线接通之后,张三和家人面前出现的是彼此的 3D 全息投影,大伙边吃边聊,仿佛亲人就在身边。

在夜深人静时，张三突然想到，自己昨天观看的 VR 电影似乎还有另外一种走向，于是他打开存档，决定采取另外一个路线去体验不同的结局。图 9-32 所示为国产 VR 电影《A.D.2047》。

图 9-32　国产 VR 电影《A.D.2047》

与角色展开一番互动后，张三开心地发现，自己选择的新结局更加圆满。他心满意足地取下眼镜，进行简单洗漱后，返回卧室睡觉。

此时，公寓的智能软件助手提醒张三，要求他就明天的工作进行规划。张三制定完行程，打开一段催眠的轻音乐。当监测仪器发现张三进入睡眠状态后，便将音乐关停，全房间开启智能警戒系统，以保障用户的安全。

上述画面，便是张三的一天，他无须出门便可以完成运动、社交、工作、娱乐等多重环节。面对如此方便的元宇宙，你是否也会有所期待呢？

第 10 章

名企计划，方向总结

学前提示　本书最后一个章节，将会系统性地分析当前几家网络巨头的成果案例，并探讨它们的一些计划和框架。相信在未来几年内，人们便会见到框架内已经变现或者将要变现的元宇宙应用。

10.1 国外企业的热门项目

随着一些创意被元宇宙先行者所提出，各大企业将会是这些想法最好的履行者，而国外的互联网巨头们制订了哪些宏伟的元宇宙项目和计划呢？本节将带大家一起分析国外企业的元宇宙热门项目。

10.1.1 脸书当前的研究方向

脸书改名 Meta 的行为，已经充分展现了它进军元宇宙的决心。从本书此前介绍的一些关于 Meta 的案例来看，无论是对 Oculus 的投资，还是虚拟平台 Horizon Worlds 和虚拟会议 Horizon Workrooms 的建立，扎克伯格和脸书的重心显然放在了虚拟现实技术的运用上，并且牢牢占据了市场先机。

例如，Oculus 旗下的 VR 设备 Oculus Quest2，在 2021 年已经成为 Steam 游戏 VR 套件销售榜的头名。图 10-1 所示为 Oculus Quest2 设备。

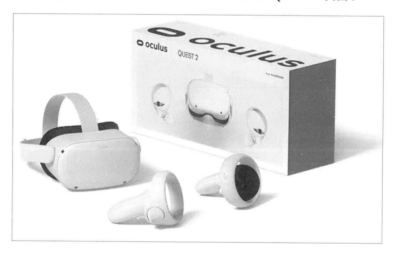

图 10-1　Oculus Quest2 设备

2017 年，扎克伯格曾宣布，将会在 VR 行业投入 30 亿美元的资金；从目前来看，脸书投入的资金很有可能已经超出了预期。而 Meta 元宇宙内容副总裁 Jason Rubin 同样表示，当前 Meta 在虚拟现实中的主要目标依然是社交、娱乐和办公方面，但是未来的 Meta 将会在 Horizon 系列的基础上，构建一个支持数十亿级别用户的身份系统。这意味着 Meta 已经将目标瞄准了地球上的绝大多数人群。

但一个尴尬的现实在于，当前拥有 VR 设备的人数少之又少。根据独立分析机构 Omida 的统计，2020 年全世界 VR 用户只有 1800 万人，预计这个数字会在 2025

年涨到 4500 万，却依然只占据全地球人口的 0.6%，如图 10-2 所示。

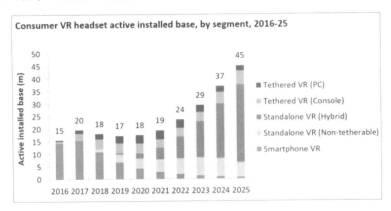

图 10-2　VR 使用人数统计图（数据来源：Omida）

短期内 VR 设备难以像智能手机那样快速普及，要想让更多人进入 Meta 打造的元宇宙空间，只能牺牲部分沉浸感，从而在更加普及的移动设备（如笔记本电脑、手机等）上加以运用。例如，Meta 发布的虚拟会议 Horizon Workrooms 支持用户进行 2D 界面聊天，解决了部分使用者没有 VR 设备的难题，如图 10-3 所示。

图 10-3　Horizon Workrooms 支持用户进行 2D 界面聊天

Meta 在 AR 上的起步比较晚，但也在有条不紊地展开。2020 年 9 月，Meta 正式启动了 Project Aria 项目，研发公司旗下的第一款增强现实眼镜。

这对于 Meta 而言却有着很大的风险，毕竟谷歌和 Magic Leap 两位增强现实眼镜先驱的失败历历在目。因此，Meta 吸取了教训，改变了产品功能和目标人群。

2021年8月，Project Aria 的第一款增强现实工程测试机 Gemini EVT 正式问世，如图 10-4 所示。

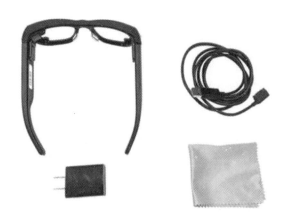

图 10-4 工程测试机 Gemini EVT

从外观上看，它比起此前市面上的几款增强现实眼镜的构造更加简单和结实，Project Aria 官网提供的信息表明，Gemini EVT 并未装配有视觉 AR 组件，因此它无法完成虚拟和现实的折叠。

Gemini EVT 的目的是收集数据，而不是使用数据。它装有专门的传感器和高通提供的芯片，采集到的数据将应用到名为 Ariane 的移动配套应用程序上。Gemini EVT 未来面向的主打人群，是从事高科技工作的专业人员。Gemini EVT 也并非 C 端产品，因此个人难以在市场上购买到。

2021 年 3 月，Meta 推出了另外一款可以监测手部运动的 AR 腕带式传感器，如图 10-5 所示。

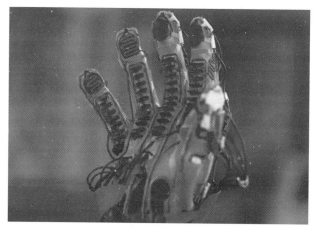

图 10-5 Meta 推出的 AR 腕带式传感器

这款传感器可以监测从手腕和手指发出的电信号，并将其转换成命令，从而方便使用者控制不同的设备。不管是 VR 还是 AR，Meta 的目标显然放到了更加长远的未来，这将为公司实现扩展领域的技术提供更加充分的保障。

10.1.2 苹果当前的研究方向

和 Meta 对元宇宙的全力付出相比，苹果显得更加冷静，这或许和它已经占据庞大的电子设备市场有关。但是，苹果如果无法及时跟上世界的步伐，它也可能面临像诺基亚一样被淘汰的风险。因此，苹果公司深知技术革新的重要性，同样走在了元宇宙系列技术的最前方。

2013 年，苹果收购了一家名为 Primesense 的公司，Primesense 以开发当前增强现实最重要的技术之一——3D 传感器而闻名世界。

2015 年，苹果公司又收购了此前归属于德国大众的增强现实公司 Metaio。Metaio 此前一直专注于增强现实和计算机视觉解决方案，其技术已经为奥迪、宝马等多家汽车商运用，它允许用户通过拖放各种界面元素来创造一个完整的 AR 场景。图 10-6 所示为 Metaio 软件的应用界面。

图 10-6 Metaio 软件的应用界面

2016 年，苹果再次买下人工智能公司 Emotient。Emotient 生产的设备可以通过摄像头捕捉和记录使用者的面部肌肉运动，并通过对模型的计算分析表情的动态结果，从而判断使用者的喜悦、愤怒和悲伤等情绪状态。

苹果公司一连串的收购动作很快得到了回报，2017 年，苹果新一代手机产品 iPhone X 问世，成为世界上首款可以进行 3D 人脸识别的手机，它拥有非接触、易采集和便捷的特点，引发了消费者的轰动。在此之后，不少手机厂商纷纷学习苹果，在自己的手机产品中加入了人脸识别功能。图 10-7 所示为 iPhone X 产品。

图 10-7　iPhone X 产品

而在苹果公司后续发布的 iPhone 12 中，更是装载了索尼 TOF（Time Of Flight，飞行时间）图像传感器为基础的激光雷达。在此之前，激光雷达通常是自动驾驶汽车中的一项重要配件，它通过激光射线扫描周围环境，从而配合车体生成实时的 3D 模型。但是，激光雷达的造价同样需要万元以上，而苹果的雷达通过降低功率减小了耗电量，同时也节约了成本。图 10-8 所示为苹果手机上的激光雷达配件。

图 10-8　苹果手机上的激光雷达配件

通过搭载激光雷达配件，苹果的摄像头可以快速测量距离并进行对焦，而且它可以实现更加精准的室内定位功能。最为重要的是，这使得苹果手机增强现实应用的功能得到极度提高，在推出激光雷达和人脸识别等技术 1 年后，苹果上线的增强现实应用已经超过了 4000 款，为所有手机生产商之最。

苹果研发的方向基于其产品使用功能，因此在虚拟现实技术上投入的精力有限，但是在构建 XR 扩展现实技术世界上同样有投入。

2017 年，苹果公司收购了加拿大企业 Vrvana。Vrvana 开发的头戴显示器 Totem 是一款相当亮眼的"黑科技"产品，它和普通的 VR 眼镜相差不大，搭载了多枚摄像头，可以将外部的世界完美复制到内部显示屏中，从而让用户获取自己在 3D 空间中的位置，甚至还可以捕捉到使用者的手势。图 10-9 所示为 Totem 产品。

图 10-9　Totem 产品

近年来，媒体将苹果大手笔的收购行动视为向元宇宙的进军，然而苹果的首席执行官蒂姆·库克（Tim Cook）在 2021 年 9 月接受媒体采访时却表示，元宇宙和 AR 完全是两个不同的词语，并不会把它们混为一谈。

有媒体分析认为，库克和苹果之所以对于元宇宙态度冷淡，是不愿意跟在竞争对手 Meta 的身后成为一名跟班。苹果在 AR 布局已有多年，但是截至 2022 年春季，却没有推出任何一款自主硬件产品。因此，苹果可能与 Meta 走向了一条完全相反的道路，它更加愿意成为一名投资者和增强现实方面的精英，而并非整个元宇宙世界的构建者。

10.1.3　微软当前的研究方向

与苹果、脸书两家企业不同的是，微软在早期就已经开始偏向于综合发展，即基于 VR 和 AR 的混合现实技术。

2015 年 1 月 22 日凌晨，在 Windows 10 系统上线的第一天，微软制作的混合现实头戴显示器 HoloLens 也同期上线，它可以通过语音命令和手势来操控系统。微软还演示了如何利用这款设备进入《我的世界》游戏，并在现实空间的桌子上搭建了一座城堡，如图 10-10 所示。

图 10-10　通过 HoloLens 进入《我的世界》游戏

经过改进的 HoloLens 2 代版本，可以通过系统自定义手势来实现界面的跳转。当然，HoloLens 依然只是一款尝鲜式的作品，并保留了产品过重、功能简单的老毛病。

在脸书宣布改名为 Meta 的一个月后，微软首席执行官 Satya Nadella 宣布，微软公司将为探索元宇宙提供动力，这也被外界认为是微软全面展开元宇宙探索的宣言。当前，微软主要力攻两项产品，第一款便是云端智能商业应用 Dynamics 365，它能在企业中覆盖 7 个领域，如图 10-11 所示。

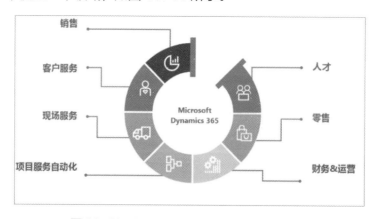

图 10-11　Dynamics 365 覆盖的 7 个领域

比起在 3D 界面中构建元宇宙，微软更加致力于通过对客户关系管理系统和企业起源计划管理系统的整合，促成企业在元宇宙中的转型。购买到 Dynamics 365 的客户可以感受到这款系统的 4 个优点，如图 10-12 所示。

图 10-12　Dynamics 365 的 4 个优点

至于第二款产品，则是我们此前提到过的虚拟体验协作平台 Mesh。图 10-13 所示为微软在 2021 Microsoft Ignite 大会上发布的 Mesh 官方展示图。

图 10-13　Mesh 官方展示图

在发布会现场，Mesh 技术负责人 Alex Kipman 悄然出现在了海底深处，只见他随手一点，蓝色的海洋中便出现了海洋动物。Mesh 最为神奇的一点在于，它能够把真人的全息投影摄入虚拟空间，从而和其他人的投影或者化身展开面对面的互动，因此这种体验更加逼真，如图 10-14 所示。

图 10-14 Mesh 能把真人全息投影摄入虚拟空间

Mesh 还能与大部分软件进行完美兼容，微软的 HoloLens、Oculus Quest VR 头显，以及常规的电脑和手机设备，都可以连接到 Mesh 上。从实际运用来看，Mesh 依然主打办公应用。图 10-15 所示为 Mesh 的操作界面。

图 10-15 Mesh 的操作界面

Mesh 拥有如下 3 个优势，如图 10-16 所示。

图 10-16 Mesh 的 3 个优势

预计 Mesh 会成为 Meta 虚拟会议应用 Horizon Workrooms 的最大竞争对

手。不过，比起已经开始商用的 Horizon Workrooms，Mesh 依然处在实验阶段，这意味着它具有高度的不确定性。

10.1.4 谷歌当前的研究方向

增强现实眼镜计划的搁浅，并不能阻挡谷歌对相关领域开展研究的决心。谷歌公司的人工智能技术在世界上已经名列前茅，旗下智能机器人阿尔法狗击败韩国职业棋手李世石，让世界感受到了谷歌人工智能的强大。

TensorFlow 符号数学系统是当前谷歌人工智能的核心算法框架，已经在全球范围内获得广泛使用。

除此之外，谷歌还推出了 TPU（Tensor Processing Units，高速定制机器学习）芯片。这款芯片采取了矩阵计算的方式，可以处理人工智能所带来的庞大数据。图 10-17 所示为谷歌研发的 TPU 芯片。

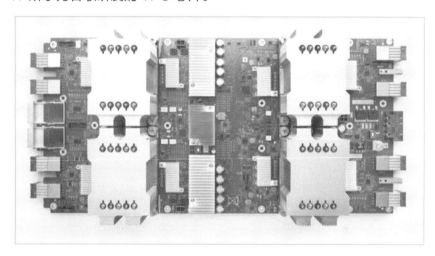

图 10-17 谷歌研发的 TPU 芯片

TensorFlow 和 TPU 芯片已经在世界范围内获得了广泛的运用，再加上后续的一系列技术更新，它们或许会成为支撑元宇宙人工智能系统的最重要环节。

而谷歌所开发的安卓系统，同样成为世界上最大的移动互联网系统平台，占据了移动设备的绝大部分市场，这就意味着众多开发交互设备的厂家无法忽视谷歌的存在。

当前的主流 VR 和 AR 设备，包括 Vive、Oculus、Pico 等企业产品，都是通过安卓系统支撑运行的。图 10-18 所示为基于安卓 10.0 系统开发的 Pico.Neo 3 设备。

在硬件方面，谷歌在 2014 年便展开了 VR 领域的探索，此时市场上还没有任何成熟的商用 VR 产品，而谷歌的两位设计师本着便宜、轻巧和耐用的想法，只用透镜、磁铁、橡皮筋等材料就设计出了 Google Cardboard，它也被人们戏称为"纸盒

VR",如图 10-19 所示。

图 10-18　Pico.Neo 3 设备

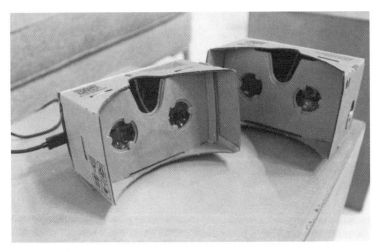

图 10-19　被称为"纸盒 VR"的 Google Cardboard

由于售价便宜，使用方便，这套成本不足 20 元的 VR 设备一度十分火热，上市不到 3 年，谷歌公司便已经卖出了 1000 万套 Google Cardboard 设备。

遗憾的是，之后数年里，Google Cardboard 迅速跌落神坛，逐渐退出了 VR 市场。Google Cardboard 存在不少缺陷，部分用户表示在使用 5 分钟后便开始头晕，其发展空间也有限，难以给予用户更好的体验感。

不甘失败的谷歌公司于 2019 年再次重启谷歌眼镜计划，并推出了谷歌眼镜的全新版本：Google Glass Enterprise Edition 2，如图 10-20 所示。

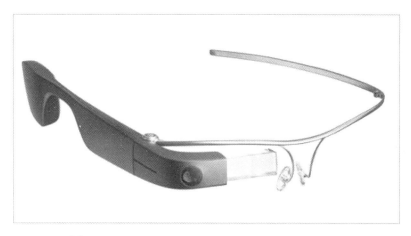

图 10-20　Google Glass Enterprise Edition 2

这款眼镜的主要目标人群依然是企业用户，它可以帮助使用者在免提方式下查看在线信息，搭配基于安卓 Oreo 系统开发的高通 Snapdragon XR1 平台，其硬件和软件性能都有明显的提升，并允许使用者在更加恶劣的工作环境下使用。

谷歌公司在 Google Glass Enterprise Edition 2 这款产品的设计上吸取了之前的经验，首先在造型上更接近普通眼镜，同时售价也下降到了 999 美元，它最终被德国邮政、敦豪航空货运公司等大型企业采购。

总结谷歌十年来的努力，无论是投入研发的时间还是付出的成本，谷歌并不低于其他巨头公司，然而当前谷歌得到的回报却远远没有达到预期。人们常说"选择有时比努力更加重要"，这句话或许能解释谷歌公司的境况。

10.2　国内企业的热门项目

在元宇宙相关领域开展研究，国内企业同样投入了大量精力和时间，也有不少技术走在了世界前沿，本节就让我们来一起见证。

10.2.1　华为在元宇宙相关领域的探索

2021 年 11 月，华为公司在社交媒体上发布了一段 AR 交互体验视频。当玩家打开一款名为"星光巨塔"的 App，便可以在华为园区中看到全新的虚拟景象，即一座巨塔正伫立在湖面之上，如图 10-21 所示。

这些逼真的场景融合了空间计算、强环境理解、3D 高精度地图等技术。华为通过虚实融合渲染技术，构建了一个大型的虚实融合世界。

图 10-21　在现实中生成的星光巨塔

为此,华为还专门推出了一款名为涂鸦的内容创作 App,这款 App 收录有丰富的 AR 材料和模板,可以让使用者极大地提高创作效率,并减少创作成本。例如,华为园区中的九色鹿,便是通过这款软件生成的,如图 10-22 所示。

图 10-22　通过涂鸦 App 生成的九色鹿

上述画面均可作为华为在增强现实方面的能力展示。在 VR 设备的研发方面,华为在 2019 年 9 月便发布了自己的 VR 产品 VR Glass,它采用超短焦光学模组,重量仅为 166g,还支持 700° 以内的近视患者调节屈光度,其产品性能在同一时期的 VR 设备中处于比较领先的位置,如图 10-23 所示。

图 10-23　华为的 VR 产品 VR Glass

一年之后，华为再次推出了海思 XR 专用芯片，这是首款支持 8K 解码的 XR 芯片，安装在了混合现实眼镜 Rokid Vision 上。这款芯片的诞生，或许会改变高通单方面占据 VR 和 AR 设备芯片的主导地位。

在未来，交互设备还可以使用华为自主研发的鸿蒙系统，在华为的"1+8+N 战略布局"中，鸿蒙系统将会是一款全场景分布式操作系统。其中，1 指智能手机，而 8 则覆盖平板电脑、车机、PC、智慧屏等 4 个大屏入口，以及手表、耳机、音箱、VR/AR 等 4 个小屏入口。图 10-24 所示为鸿蒙系统在手机中的应用。

图 10-24　鸿蒙系统在手机中的应用

华为在相关领域的最强王牌是 5G 技术。在 5G 概念刚刚兴起不久的 2020 年，欧洲电信标准化协会曾发布了一份全球 5G 标准核心必要专利排行榜，华为公司以 1970 件专利技术名列第一，其中便涉及了如下几项关键核心技术，如图 10-25 所示。

当下华为在 5G 技术上，已经具备了"网络+芯片+终端"的"端到端"能力，并提出了"全息互联网"的构想。

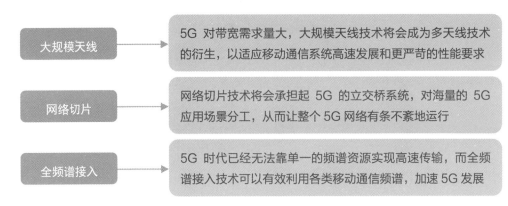

图 10-25　华为涉及的 3 项核心技术

2021 年，在江西南昌举办的 VR 产业大会上，华为发言人认为，不管是"全息互联网"，还是元宇宙，未来的这个世界会和地球一样大，因此华为会利用数字世界技术改变获取信息和呈现方式，打造下一代网络平台。

例如，华为发布的数字现实科技平台河图（Cyberverse）正是搭建"全息互联网"的重要工具，它已经落地了不少应用场景。图 10-26 所示为在河图平台打造的敦煌"飞天游"场景，为游客提供了虚实融合的互动体验。

图 10-26　在河图平台打造的敦煌"飞天游"场景

和国外企业相比，华为拥有十分鲜明的优势，只要牢牢把握住这一份优势，相信未来的元宇宙市场一定有它的一席之地。

10.2.2　腾讯在元宇宙相关领域的探索

对于腾讯公司而言，游戏领域的利润一直是其最重要的收入来源之一，因此腾讯在元宇宙方面的生产和建设自然离不开游戏方面的发展。

2019 年，腾讯与游戏平台罗布乐思合作，并计划在国内上线罗布乐思平台的中国版本，其中罗布乐思持股 51%，腾讯持股 49%，罗布乐思负责底层技术的开发，并持续提供平台内容，而腾讯则负责该平台在国内的发行、营销等工作。图 10-27 所示为两家公司联合推出的罗布乐思平台中国版本。

图 10-27　罗布乐思平台中国版本

2021 年 9 月，腾讯旗下的 QQ 音乐又与罗布乐思一起推出了世界上第一款沉浸式的音乐游戏《QQ 音乐星光小镇》，如图 10-28 所示。

图 10-28　《QQ 音乐星光小镇》游戏

在这款游戏中，玩家不仅可以体验多场景的转换，同时还可以在赛博朋克和传统古典文化中穿梭，甚至可以进行角色扮演、养成探索和模拟经营等多种类型的活动。

而腾讯基于交互技术的布局也已经开始。2021 年 11 月，腾讯向英国公司 Ultraleap 投资 5000 万美元。Ultraleap 一直以来致力于裸手交互技术的开发，目前这项技术的难点在手势的追踪而并非识别，同时面临着容易疲劳、准确率差、缺乏反馈等困境。但是，手一直是人类最擅长使用的部位，因此裸手交互技术拥有广阔的发展前景。图 10-29 所示为 Ultraleap 开发的裸手交互技术。

图 10-29　Ultraleap 开发的裸手交互技术

除此之外，腾讯还在 2021 年投资了威魔纪元和元象思维两家与 VR/AR 技术相关联的企业。身为内容公司的腾讯在投资上很少涉及硬件，目前也未能拿出一款成熟的元宇宙产品，但是它同样拥有其他企业无法比拟的优势，那就是旗下庞大的用户群。图 10-30 所示为腾讯麾下部分应用软件。

图 10-30　腾讯部分应用软件

尤其是腾讯推出的社交平台——微信，拥有 12 亿的月活跃用户，是国内第一款活跃度用户破 10 亿的产品。而腾讯推出的另外一款聊天软件 QQ，月活跃用户也达 6.06 亿，两者几乎覆盖了全国大部分拥有智能手机的人群。腾讯的元宇宙布局虽然相对比较缓慢，但若火力全开，也会释放出巨大的能量。

10.2.3 字节跳动在元宇宙相关领域的探索

近年来,字节跳动在元宇宙相关领域的最大探索,莫过于在 2021 年以 90 亿人民币收购北京小鸟看看科技有限公司(Pico)。小鸟看看是当前国内 VR 行业最大的出货商,麾下包含 VR 头盔、VR 眼镜、VR 一体机等多项产品,并申请了超过 758 件专利。图 10-31 所示为 Pico 发布的 VR 产品。

图 10-31 Pico 发布的 VR 产品

2021 年 9 月,字节跳动于东南亚地区上线了一款名为 Pixsoul 的虚拟社交软件,它可以将用户的真实照片转换为虚拟的 3D 形象,也可以将其塑造成游戏角色。

2022 年 1 月,字节跳动再次推出一款名为"派对岛"的元宇宙 App,依然主打线上交友功能,使用者可以与朋友一起在虚拟世界中聊天和逛街。

字节跳动的这一系列操作,覆盖了 VR、社交以及娱乐三个方面,而它们正是当前元宇宙最火热的几个项目。但是,元宇宙作为一个完整的体系,需要多项综合技术协同发展,如 5G 技术、电子芯片的研发等,而字节跳动相比其他国际巨头,依然还有差距。因此,字节跳动在未来元宇宙发展的道路上可以专攻一点,发挥自己的优势,或许能够更好地展现其价值。

10.2.4 百度在元宇宙相关领域的探索

2016 年 7 月,百度推出了国内第一款 VR 浏览器,并在 5 个月内先后更新了 3 个版本。作为百度旗下首个 VR 内容聚合平台,这款浏览器覆盖了 VR 直播、VR 视频和全景图片等众多资源,百度还计划在未来支持包括 VR 一体机、PC 等多种设备。图 10-32 所示为百度的 VR 浏览器界面。

图 10-32　百度的 VR 浏览器界面

尽管百度很早就展开了对 VR 的研究,但是这款 VR 浏览器却并未随着 VR 市场的快速发展而普及,毕竟它依然面临着 VR 内容缺乏等问题。

不过,百度并未放弃在 VR 市场的系列探索。2018 年,百度推出了实验性产品——百度智慧课堂,并在接下来的一年内推出了 VR 平台——蓬莱,这是一个服务于汽车、家居等行业的 3D 营销场景。例如,客户可以通过 VR 看车,并了解其参数性能,如图 10-33 所示。

图 10-33　百度的 VR 看车

百度除去在 VR 上的开拓,还提出了 ABC 的概念,即将人工智能(AI)、大数据(Big Data)、云计算(Cloud Computer)三者融合为一体进行发展,以增强行业的影响力。

这一系列的准备，让百度在元宇宙概念到来之时迅速实现了产品落地。在 2021 年的年底，百度发布了首款元宇宙概念产品"希壤"，它打造了一个多人互动空间，并建立在了一处看上去像莫比乌斯环的星球上。图 10-34 所示为"希壤"平台中的虚拟场景效果。

图 10-34 "希壤"平台中的虚拟场景效果

百度发布产品的同时，还在这款虚拟平台的"希壤会议中心"举行了百度 AI 开发者大会。百度负责人在大会上宣布，百度公司在未来的 5 年内，将会围绕机器翻译、生物计算、自动驾驶、深度学习框架、数字城市运营、知识管理、AI 芯片、个人智能助手等 8 大核心技术进行攻坚，这也表明了百度的决心和研究方向。

但是百度所开发的"希壤"依然暴露出了一定的缺陷。例如，用户的虚拟形象比例有些失调，特征并不鲜明，有的时候只能靠服装和发型进行区分。而且"希壤"平台中的 3D 场景制作也比较粗糙，缺乏细节，同时也缺乏 VR 智能进行引导。这是百度要改进的地方，从而给用户带来更好的使用体验。